[APENAS RESPIRE!]

Michelle Terra Guedke

[APENAS RESPIRE!]

o resgate do domínio interno para vencer o
TRANSTORNO DE PÂNICO

1ª edição / Porto Alegre-RS / 2024

Capa: Marco Cena
Produção editorial e revisão: Edições BesouroBox
Produção gráfica: André Luis Alt

Dados Internacionais de Catalogação na Publicação (CIP)

G924a   Guedke, Michelle Terra
        Apenas respire! : o resgate do domínio interno para vencer o transtorno de pânico. / Michelle Terra Guedke. – Porto Alegre: BesouroBox, 2024.
        104 p. ; 14 x 21 cm

        ISBN: 978-85-5527-154-0

        1. Psicopatologia. 2. Síndrome do pânico. I. Título.

        CDU 616.89-008.441

Bibliotecária responsável Kátia Rosi Possobon CRB10/1782

Copyright © Michelle Terra Guedke, 2024.

Todos os direitos desta edição reservados a
Edições BesouroBox Ltda.
Rua Brito Peixoto, 224 - CEP: 91030-400
Passo D'Areia - Porto Alegre - RS
Fone: (51) 3337.5620
www.besourobox.com.br

Impresso no Brasil
Outubro de 2024.

Ao querido tio e eterno mentor, que esteve presente em memória, em cada página escrita, Eloy Terra (in memorian).

Para todos que, de maneira direta ou indireta, fizeram parte desta jornada de evolução pessoal. Em especial aos meus pais, que me permitiram estar aqui, para me tornar protagonista da minha história. Ao meu marido, parceiro de alma e melhor amigo, que esteve junto comigo nos caminhos mais tortuosos, e ao meu filho Lucas, minha maior motivação para me tornar uma pessoa melhor a cada dia.

Sumário

Prefácio - Prof. Marcos Brasil...................................9
Prefácio - Débora Moraes 11
Apresentação... 13
Introdução... 17

Capítulo 1
QUANDO ERA LIVRE E NÃO SABIA 23

Capítulo 2
O SEQUESTRO DO INCONSCIENTE.............. 42

Capítulo 3
O RESGATE DO "EU".. 57

Capítulo 4
NOVAS FRENTES ALIADAS................................. 66

Capítulo 5
A MUDANÇA E O
REENCONTRO COMIGO MESMA 71

Capítulo 6
AS CHAVES DO MEU RESGATE.......................... 79

Capítulo 7
APRENDENDO UMA
NOVA FORMA DE VIVER 96

Mensagem Final 98

Referências 101

PREFÁCIO

É com imensa alegria e profunda admiração que apresento esta obra de Michelle Terra Guedke, uma mulher que trilhou um caminho desafiador e, com coragem, transformou dor e vulnerabilidade em uma jornada de autodescoberta e superação. Ao longo das páginas de *Apenas respire!*, somos convidados a mergulhar em sua história, marcada por uma força interior incomensurável.

A jornada de Michelle é um testemunho do que significa enfrentar de frente as nossas maiores batalhas internas. O transtorno de pânico, uma condição muitas vezes debilitante, tornou-se o ponto de virada para o resgate de sua verdadeira essência. Com perseverança, ela desvendou os segredos do seu próprio inconsciente, desafiando crenças limitantes que a mantinham presa em um ciclo de sofrimento e medo. Em vez de aceitar um destino de limitação, Michelle optou por renascer, reconstruir sua identidade e guiar outras pessoas por esse mesmo caminho de cura e libertação.

O que mais me impressiona em sua jornada é a busca incansável pelo autoconhecimento e pelo desenvolvimento pessoal. Ao aceitar a **missão COGEN** (método que associa a Hipnose e a Programação Neurolinguística para transformação pessoal), Michelle expandiu sua visão, oferecendo ao mundo não apenas sua história de superação, mas também ferramentas para que todos possam acessar sua própria liberdade emocional. Essa missão vai além de sua própria cura; é um chamado para que cada um de nós resgate nossa autonomia emocional e espiritual. Michelle nos ensina que o primeiro passo para o resgate da nossa saúde emocional começa com a consciência e a aceitação de que somos seres humanos vulneráveis. Em sua caminhada, ela nos mostra que a verdadeira liberdade não está em fugir dos desafios, mas em enfrentá-los com coragem e galhardia. Sua dedicação em ajudar outras pessoas a se libertarem dos cárceres emocionais é um exemplo admirável de dedicação e amor ao próximo.

Ao percorrer esta leitura, sinta-se inspirado, assim como eu fui, por cada palavra que revela a grandeza de uma mulher que, ao resgatar a si mesma, encontrou sua missão de vida e hoje nos convida a fazer o mesmo. Michelle nos presenteia com sua sabedoria, construída a partir da vivência, do aprendizado e, principalmente, do profundo desejo de ser um farol para aqueles que ainda se encontram perdidos em suas próprias jornadas.

Que *Apenas respire!* seja, para você, uma bússola para o reencontro com sua essência e uma fonte de inspiração para a sua própria caminhada rumo à liberdade e à paz interior.

Prof. Marcos Brasil
Master Trainer em Programação Neurolinguística
e Comunicação Generativa

PREFÁCIO

Ao longo da trajetória de Michelle, tive o privilégio de testemunhar seu crescimento e a forma como ela abraçou o autoconhecimento, enfrentando seus desafios com uma coragem suave e profunda.

É com imenso carinho que escrevo este prefácio para *Apenas respire!*, um livro que revela, de forma honesta e sensível, o caminho que Michelle percorreu em direção à reconquista de sua paz interior. Suas palavras refletem uma jornada íntima de superação, em que cada obstáculo foi um convite para se aproximar mais de sua verdadeira essência.

Michelle não só buscou respostas para suas inquietações como também encontrou dentro de si a força e a sabedoria necessárias para transformar sua vida. O que mais me toca em sua história é a gentileza com que ela lidou consigo mesma ao longo desse processo – aprendendo, aos poucos, a respirar fundo e a confiar que a mudança vem, não pela força, mas pela aceitação e pela presença.

Agora, por meio da missão COGEN (método que associa a Hipnose e a Programação Neurolinguística para transformação pessoal), Michelle dedica sua vida a ajudar outras pessoas a descobrirem seu poder interno. Sua generosidade em compartilhar suas experiências e aprendizados faz deste livro um presente valioso para todos que desejam se libertar de suas próprias prisões emocionais e encontrar um caminho de volta à sua essência. Faça uma boa leitura e mergulhe internamente para se salvar sabendo que é possível.

Débora Moraes
Hipnóloga, Trainer em Programação
Neurolinguística e Comunicadora Generativa

Apresentação

Caro Leitor,
    este livro é um convite para conhecer uma parte de você que muitas vezes passa despercebida. Eu levei 40 anos para perceber e hoje estou aqui, para te guiar nessa busca e reencontro com a tua melhor parte.
    Me chamo Michelle Terra Guedke, sou a única filha mulher e a mais nova de uma família de três irmãos. Nasci em um lar superprotetor e bem masculinizado, onde aprendi a admirar, venerar e enxergar a figura masculina como dominante, mais forte, mais capaz e merecedora. Me sentia protegida, segura e ao mesmo tempo pequena e invisível. Admirava aquela força, dominância e todos aqueles superpoderes que lhes davam o direito de ir e vir, serem vistos e escutados. Por muito tempo da minha vida, me perguntei por que vim ao mundo como "sexo frágil". Um papel tão difícil de desempenhar.
    Aprendi naquele cenário que era necessário lutar diariamente para conquistar o meu valor, lugar e provar minhas capacidades como mulher no mundo. E era justamente isso

que me incomodava. Por que eu teria que lutar? Não seria um direito meu por natureza?

Foram 40 anos procurando o meu espaço e tentando me encaixar, me sentir validada e boa o suficiente como mulher, décadas buscando a minha própria validação. Foram 40 anos brigando comigo mesma, tentando me encaixar, assumir papéis que não eram meus, na tentativa de encontrar o caminho, vestindo personagens que me afastaram ainda mais da minha autenticidade.

Nessa busca incansável acabei de fato me perdendo de mim. Fui sequestrada por uma parte minha sem vida, escura, silenciosa e assustadora. E o medo de não me reencontrar me distanciava ainda mais.

Foram anos até reencontrar o caminho de volta para finalmente reassumir o lugar que sempre me pertenceu desde que eu nasci e pelo qual nunca precisei lutar para conquistar, porque já que era meu por natureza. O meu local seguro, dentro de mim, onde reside a minha identidade, a força natural e a minha paz. Parte que existe em todos nós. Nossa verdadeira essência.

Me reencontrei comigo mesma! Depois de 40 anos, me reencontrei com a melhor parte, a parte autêntica, adulta, cheia de capacidades, que sabe da sua força, que nunca duvidou do seu valor e que tem plena consciência dos desafios que viveu para chegar aonde chegou e ser quem é hoje!

Estava finalmente livre para viver a minha versão original e preparada agora para ser guia, estrada e farol, para ajudar outras pessoas nesse reencontro.

O caminho de volta existe dentro de todos nós, muitas vezes estamos tão distraídos procurando atalhos mais fáceis que nos perdemos ainda mais. Estou aqui nessa jornada com você, para te ajudar a ver o simples, o que está na sua frente e nesse momento passa despercebido. Vou te ajudar a baixar a poeira da estrada, desacelerar o passo, escutar seu corpo, acalmar a respiração, silenciar os ruídos e distrações externas, para conseguir ouvir o seu espaço sagrado interno, onde reside o verdadeiro superpoder, a força natural e tudo que você precisa para reassumir a sua essência e ser quem você é, para chegar aonde você quiser.

INTRODUÇÃO

Apenas respire...
Quando ouvi isso pela primeira vez, acordei para o fato de que estava sem respirar por décadas. E aqui começava o meu caminho de volta.

Apenas respire!
Algo tão natural e espontâneo que aprendemos a fazer com excelência ainda dentro da barriga da nossa mãe. Os bebês poderiam nos dar uma aula sobre como respirar corretamente. A respiração abdominal que enche os pulmões de vida, nos garante a renovação do oxigênio e a ativação do nosso sistema parassimpático, que promove naturalmente o estado interno de calma, segurança e alimenta nossa capacidade de produzir o próprio bem-estar. Algo tão simples que deveria ser tão natural acaba se perdendo com o passar do tempo.

Pouco a pouco fui me distanciando da minha natureza, esquecendo de respirar a vida. Quando me dei conta, meu corpo já estava lá, pedindo por ajuda, "gritando" de todas as formas, através dos tremores e das contrações, que não suportava mais a forma como eu estava respirando e deixando de nutrir o meu estado interno.

O sistema colapsou! Entrou em estado de alerta! Era preciso "resetar" o sistema para reassumir o comando do meu estado interno e poder iniciar o caminho de volta.

E foi então a partir desse ponto que comecei a compreender o sentido literal de "respirar" de fato. A forma como a gente respira reflete a forma como vivemos. Uma respiração acelerada, descompassada e curta alimenta e gera o estado interno de medo, ansiedade, *stress*. Quando voltamos a atenção para a respiração lenta, prolongada e natural, automaticamente nossa respiração desacelera, ativando o estado interno de tranquilidade, segurança, e nosso corpo se enche de calma e confiança. Conforme fui tomando consciência desse processo que havia me distanciado silenciosamente da minha capacidade de produzir meu próprio bem-estar, aos poucos fui reaprendendo a me reconhecer, identificando em qual parte do caminho peguei rotas erradas. Fui reaprendendo a refazer novas rotas, exercitando as minhas capacidades naturais esquecidas e reconquistando a liberdade de assumir novamente o domínio da minha saúde emocional.

Hoje, ajudo muitas pessoas que chegam para o atendimento como eu me encontrava anos atrás, lutando para respirar e me debatendo para me manter na superfície. E, me deparando com o sofrimento dessas pessoas, o primeiro pensamento que vem à tona é *"respire e tudo vai ficar bem! Tudo já está bem. Você apenas não sabe disso ainda"*.

O *Apenas respire!* traz à tona a vulnerabilidade humana, a nossa capacidade de aceitar se despir de toda necessidade de acerto, perfeição, aceitação e aprovação externa, pois é justamente essa necessidade que aprisiona e traz sofrimento e nos distancia da nossa autenticidade. Quando perdemos nossa identidade, perdemos a referência de quem somos e de tudo o que poderia nos manter internamente protegidos e seguros.

Com base nessa jornada de despertar, desaprender, desapegar para reaprender uma nova forma, eu me redescobri. Redescobri uma nova vida, uma nova carreira e um novo propósito. Propósito este que me trouxe até aqui, abrindo a minha jornada sem medo algum, totalmente despida da necessidade de atender expectativas, além do meu próprio desejo de estar bem comigo mesma. Expondo de forma espontânea e autêntica todos os acertos, erros e fragilidades vividas, justamente para contribuir com o resgate emocional não apenas das pessoas que hoje tenho a oportunidade de ajudar através do Método da Comunicação Generativa, mas principalmente de todas as pessoas que ainda não perceberam que estão perdidas de si mesmas.

Que essa leitura possa trazer a leveza do desapego, o alívio da descoberta da liberdade de ser quem você é, viver tudo o que deseja viver, sendo apenas você e com você! E que, ao chegar ao fim desta jornada junto comigo, você possa se ver surpreendentemente chegando ao seu recomeço.

Desejo a você uma leitura leve, sem pressa e prazerosa. Desfrute de cada página, como se você estivesse pegando carona em uma viagem com alguém que já passou por este mesmo caminho, mas que hoje está ali para te ajudar a percorrer os trechos mais acidentados com total segurança e proteção. Apenas respire, tudo já está bem!

Apenas respire! *fala sobre uma reconquista dolorosa e encorajadora da autonomia emocional, que desencadeou uma jornada de autoconhecimento, autodesenvolvimento e autoliderança (a cura emocional da ansiedade e transtorno do pânico através da reprogramação mental).*

Do sequestro da minha saúde emocional ao resgate da identidade essencial!
Chegamos livres, confiantes e seguros. Desbravamos com audácia, despretensão e coragem nossos primeiros passos. Experimentamos o mundo com leveza, divertimento e curiosidade, sem medos ou autojulgamento. Inesperadamente sem perceber, de forma sorrateira e inconsciente, o sequestro se consolida dia a dia, silenciosamente.

Quando percebemos já estamos lá! Presos, sozinhos e condenados a viver o cárcere inconsciente (sendo regidos por crenças rígidas, acreditando em verdades absolutas aprendidas, que nem são nossas), onde passaremos talvez anos em reclusão, vivendo os maiores medos, enfrentando os piores inimigos, amedrontados, diminuídos e totalmente limitados.

O cárcere do inconsciente (o sequestro de uma vida limitada, direcionada por crenças pobres e improdutivas de incapacidade, falta de merecimento e possibilidades), onde podemos ficar presos por anos, e onde muitos ficam por uma vida inteira. Onde somos impedidos de pensar, sentir e agir por conta própria (conscientes dos nossos potenciais internos). Onde não podemos exercer o livre-arbítrio das nossas próprias escolhas emocionais e comportamentais de forma adulta, autônoma e consciente. Onde estamos condicionados a repetir de forma automática um padrão aprendido, obedecendo a crenças antigas e ultrapassadas que nos mantêm presos a um modo de ser limitante.

Estive lá, assim como talvez você já esteve ou ainda está! Convivi com os mais diversos inimigos internos por muito tempo. Cheguei até a me apegar a alguns, acredite! Busquei muitos culpados externos, julguei, condenei e, na tentativa de encontrar a saída, me encarcerei ainda mais.

Foi quando então ouvi o "comando" pela primeira vez: *Apenas respire! Tudo vai ficar bem.* Nesse momento eu pude ouvir e experimentar, por um segundo, o som, a sensação e o cenário interno do que seria o alívio que buscava. A libertação daquela sensação de aprisionamento e descontrole dentro de mim.

O silêncio acalmou meu pensamento, me trazendo a clareza, a calma e a reconstituição mental sobre todos os passos que me levaram para aquele lugar sombrio (a limitação emocional, que eu mesma havia me condicionado a viver por tantos anos). É neste instante que desperto para o fato de que o cárcere que me manteve limitada, privada do livre-arbítrio e presa nas minhas crenças limitantes e medos era o mesmo local onde eu poderia encontrar os recursos necessários para me fortalecer e finalmente me libertar das minhas próprias amarras.

Meu cérebro, minha redenção. Novas escolhas e os recursos para a mudança sempre estiveram do lado de dentro.

Aqui, começo a experimentar a liberdade de enxergar novas escolhas! Escolhas de estados emocionais, comportamentos, recursos e capacidades internas. Escolha de ser e desenvolver internamente quem eu sempre desejei ser. A escolha de me reencontrar em essência.

Fiz as pazes com o meu maior aliado. Aliado poderosamente flexível e fantasticamente renovável, meu cérebro. O único que poderia neste momento me ajudar a reencontrar e restaurar minha programação original.

Dou mão ao meu desenvolvimento emocional e inicio uma jornada comportamental de autodescoberta, com algo que dez anos mais tarde se revelaria a minha missão de vida! O método que transformou a minha vida e há mais de 20 anos tem transformado a vida de milhares de pessoas através do autoconhecimento (reprogramação de crenças e modelo mental).

CAPÍTULO 1
QUANDO ERA LIVRE E NÃO SABIA

LEMBRANÇAS DE UMA VIDA CHEIA DE RECURSOS, CAPACIDADES E ESCOLHAS

Ah, meus dias de liberdade!

Não me lembro de experimentar ansiedade nos meus primeiros anos de vida, ao cair nas primeiras tentativas em andar sozinha. Também não tenho lembranças de me sentir incapaz ou inferior ao tentar balbuciar minhas primeiras palavras, com pronúncia errada e mal estruturada. Pelo contrário, algo que não me faltava na infância era coragem, segurança, autoconfiança e com certeza autoestima elevada. Pelo menos é o que os registros e as histórias familiares validam. A autenticidade, espontaneidade e alegria eram marcas registradas.

Um dia desses, em uma formação de desenvolvimento humano, reencontrei uma colega de aula dos primeiros anos escolares, quando eu deveria ter entre nove e dez anos de idade. Foi uma surpresa e uma alegria encontrar depois de tanto tempo aquela amiga, que na época era inseparável. Celebramos aquele encontro e começamos a relembrar os velhos tempos, como era nossa relação e o que fazíamos juntas. Conversamos e comentei da minha intenção com a formação daquele final de semana, que estávamos realizando juntas.

Comentei que desejava desenvolver minha confiança, segurança, coragem para me expor, falar em público, me desafiar em novos projetos. Neste momento aquela colega, que me via ainda como "aquela menina de nove anos, lá do passado", se mostrou surpresa e não conteve o comentário seguido de dúvida: *"Você veio desenvolver a sua espontaneidade e segurança? Como assim? O que aconteceu contigo? Eu ainda lembro daquela menina de cabelos encaracolados, cheia de confiança, entrando saltitando na sala de aula, pedindo licença para a professora para distribuir panfletos para os colegas sobre o novo negócio que o pai recém inaugurava. Porque essa é a lembrança que tenho de você! Confiante e segura de si. Você mudou tanto assim? O que houve?".*

Naquele instante experimentei uma mistura de vergonha, surpresa e estranhamento. Surpresa, porque o relato dela me fez relembrar *flashes* daquela menina. Estranhamento, porque não me lembrava daquela menina espontânea e corajosa. E por um instante me questiono: se essa menina existiu, é possível que ainda existam resquícios dela dentro de mim? Me senti envergonhada, por não perceber como me distanciei tanto da minha essência. Como me perdi daquela menina leve, segura, que colocava em prática o que bem entendia, sem pensar no que os outros iriam pensar, falar, sem se comparar.

Fui para casa naquele dia relembrando que naquela mesma época pintava cerâmicas e montava uma banquinha na calçada em frente ao prédio onde morava, para vender meus artesanatos aos vizinhos, que prontamente compravam para incentivar a coragem, ousadia e capacidade criativa e despretensiosa daquela menina cheia de sonhos, crenças fortalecedoras sobre ela mesma, os outros e a vida.

Foi uma remota lembrança, mas que lá no fundo me fez lembrar e ter saudades de mim! Me trouxe memórias saudosas de esperança e orgulho e me fez refletir sobre algo de que até então não havia tomado consciência.

Não somos inseguros, não somos ansiosos, não somos tímidos. Aprendemos em algum momento da nossa vida a acreditar nisso, e as experiências seguidas foram apenas reforçando as crenças que se estabeleceram dia a dia na minha vida, silenciosamente, me furtando das minhas capacidades naturais que agora estavam sendo substituídas por crenças e leis internas limitantes. Muitas crenças e verdades que nem eram minhas, que nem me representavam, não tinham a ver comigo, mas que em algum momento foram criadas e que 30 anos depois ainda faziam parte do meu modo de ver, experenciar e reagir ao mundo.

Por que então nos permitimos abrir mão da nossa identidade e versão original?

Simplesmente porque não percebemos esse sequestro. Somos de forma inconsciente modelados pelas nossas experiências de vida e, dependendo do que vivemos, vamos nos distanciando sem perceber de quem somos, para nos sentir amados, validados, reconhecidos. Acabamos vivendo uma versão "falsa" que nos garante atenção, elogios, agrados, mas que no fundo custa a nossa saúde emocional. Porque, no fundo, é muito difícil e trabalhoso ser o que "não somos", viver um personagem que não está alinhado com a nossa essência e natureza.

Nascemos sem medos, sem julgamentos, apenas vivemos livres para nos expressar, vivendo no presente, não nos prendemos às projeções do futuro ou ao que pode dar errado. Vivemos o aqui e agora com leveza, confiança, associados a nossa força interior. Apenas somos!

E é a partir deste instante que tudo começa a mudar. Aos poucos vamos absorvendo partículas de informações sobre tudo o que presenciamos, ouvimos e sentimos diante de cada situação. Umas mais impactantes emocionalmente do que outras. Outras mais brandas. Mas, de alguma forma, todas essas combinações de informação, imagens, sons e sensações vão criando experiências internas, alimentando nosso cérebro, modelando e construindo nosso modelo e forma de ver o mundo. Esse modelo aprendido molda a forma como nos percebemos, tudo o que passamos a acreditar a respeito de nós mesmos, do mundo e do outro. Pronto! O programa está formado e, a partir daí, ele vai apenas refinando essas informações já estabelecidas para nos ajudar a viver a vida com base nesse banco de dados.

E pouco a pouco vamos nos afastando silenciosamente da nossa natureza, nos limitando e encobrindo nossa luz, até que um belo dia nos damos conta de que viajamos para longe, muito longe de nós.

Perdemos nossa própria referência, para nos encaixar no que o mundo e as pessoas esperam de nós. E é exatamente aqui que os problemas e os conflitos começam. A briga interna e o conflito de partes, de quem eu fui, de onde estou e o que desejo viver a partir de agora. E começam então as experiências de dor e infelicidade.

Mas por que isso acontece?

Nossas crenças começam a ser construídas ainda dentro da barriga da nossa mãe, se formando nos primeiros anos de vida, principalmente entre a primeira e a segunda infância, se consolidando entre 12 e 25 anos de idade. Elas são formadas a partir da percepção do ambiente externo, experiências, situações (tudo o que vejo, ouço e sinto). Experiências carregadas de impacto emocional, com resultados marcantes, vão alimentando nosso inconsciente de memórias e aprendizados de como reagir no futuro, diante de situações parecidas. Pronto!

Experiências e mais experiências, emoções e aprendizados vão construindo nosso novo modelo de mundo, e dia a dia vamos aderindo a novas estratégias de autoproteção e comportamentos automáticos diante das situações.

Nossos aprendizados e crenças têm como modelos principais nossas figuras de autoridade, pais, familiares, educadores, que nos influenciam com as suas próprias experiências passadas (e que muitas vezes não possuem consciência do quanto influenciam, através de atitudes, posturas, palavras e crenças). Nesse sentido, muitas vezes somos condicionados naturalmente a acreditar e adotar verdades que nem nos representam, mas que fizeram parte dos nossos aprendizados da infância, que foram passados de geração para geração e acabam ditando os nossos comportamentos, estados emocionais e resultados, por uma vida toda.

Foi a partir desse entendimento que me dei conta do caminho que havia percorrido até chegar ao estado onde estava, como havia me distanciado tanto da minha natureza e como impactava naquele momento radicalmente a minha vida, decisões, relações e resultados!

E é por esse motivo que muitas vezes desejamos mudar, ter um comportamento e resultados diferentes, mas nos vemos tropeçando sempre no mesmo degrau, repetindo o mesmo ciclo e tendo os mesmos resultados. Até o dia em que literalmente nos perdemos e não conseguimos mais achar o caminho de volta sozinhos.

Nesse dia despertamos para o fato de que aquelas estratégias antigas aprendidas na infância já não funcionam mais e que é preciso reaprender uma nova forma para reassumir o domínio da nossa vida e da nossa autonomia emocional. Mas para isso é necessário fortalecer áreas internas diferentes, reassumir o domínio, fortalecer a estrutura emocional, para reconquistar o equilíbrio, a confiança e a nossa paz.

Começa uma linda, trabalhosa e interminável caminhada, cheia de descobertas, surpresas, desapegos, aprendizados, experiências que nos conduzem nessa jornada de busca interna.

VINTE ANOS SEM DESCONFIAR DO PLANO (A CONSTRUÇÃO DE CRENÇAS E REGRAS)

Depois desse reencontro com o meu passado, fiz questão de relembrar, por meio de fotos e relatos das pessoas mais próximas, como eu era na infância. Foi uma maneira que encontrei de entender, por meio de fatos e lembranças, em qual caminho eu errei a rota.

E acredite, não foram poucos os relatos. Fatos que revelaram espontaneidade, segurança, alegria e até uma certa ousadia, audácia em tomar decisões de forma independente, segura diante de determinadas situações.

Todas essas lembranças trouxeram à tona um pouco de mim. Das brincadeiras preferidas, dos desenhos, das pessoas, das atividades, das realizações da época. E muito do que descobri gostar e o que realizo profissionalmente hoje está incrivelmente ligado às brincadeiras que entretiam as tardes daquela menina. Ensinar, apoiar, ajudar o outro a realizar e a viver melhor.

Mas aprendi com as circunstâncias e experiências ao longo de 25 anos que talvez não fosse necessariamente tão seguro ser espontânea, ousada, ser eu mesma em todas as situações. Que muitas vezes correr, lutar ou fugir fosse uma estratégia segura diante do diferente e do novo. E, conforme fui amadurecendo e chegando à adolescência, isso se mostrava uma estratégia cada vez mais acertada que me livraria de muitas dificuldades e sofrimentos. Mas elas não vieram sozinhas.

Com as estratégias de lutar e fugir, assumi pouco a pouco uma personalidade que combinava timidez, medos, ansiedade, insegurança, sentimentos de incapacidade e isolamento. Rótulos que começavam a criar resultados totalmente congruentes com o que era produzido internamente. Experiências de insatisfação, dificuldades de criar e realizar. De uma hora para outra, aquela facilidade de surpreender, encarar, superar, fazer acontecer tão facilmente ganhava um peso insustentável. Tudo se tornava difícil, pesado e dependia de muito esforço interno para acontecer. E tudo ainda era reforçado pela validação externa das minhas várias referências de autoridade.

Professores entendiam que a minha timidez era uma marca pessoal e que isso me impedia de melhorar a *performance*, que eu era bastante esforçada, mas que confiança definitivamente não era marca registrada. Era da minha natureza ser tímida, introspectiva e observadora.

Todos esses modelos de aprendizado e demais referências, inconscientemente e sem pretensão alguma de prejudicar, acabavam confirmando e validando ainda mais esse modo de ser limitante, de que a insegurança e a timidez eram marcas registradas.

Diante desse fato, me convencia de que era uma boa ideia aprender a conviver com isso e saber como lidar em situações de risco, porque a vida realmente era muito difícil. E que com o passar do tempo poderia ficar ainda mais. Crenças e mais crenças de que dinheiro, sucesso, vida leve e feliz não eram algo fácil de conquistar, dependiam de muita luta, suor, sofrimento e noites maldormidas. E que a cada dia precisava me preparar para "ir à luta", "matar aquele leão" que estava a cada novo dia me aguardando para ser abatido, que era necessário "brigar muito" pelo que eu queria, que dinheiro é bom, mas trazia sofrimento, e que honestidade nem sempre combinava com prosperidade financeira, que os homens tinham mais facilidade, mais inteligência, mais coragem, mais autonomia, liberdade e autoridade para conquistar o que desejavam.

Aprendi que mulher tinha que literalmente lutar! Lutar muito! Porque valorização era uma conquista, não necessariamente um direito. Que definitivamente a vida para as mulheres não era algo fácil, mas era preciso enfrentar.

Crenças, crenças e mais crenças, que foram se transformando em leis e regras duras que ao longo dos anos iriam pautar a minha vida, decisões, relacionamentos.

O meu novo modelo mental estava lá, pronto para ser "startado" e servir como base de dados para uma vida toda. E assim foi. Dia após dia, limitações construídas a partir de aprendizados, que foram memorizados (no meu disco rígido/inconsciente) para a minha própria segurança e que em situações futuras eram lembrados, a fim de me salvar novamente dos episódios de risco. Deste modo, fui sendo protegida pelo meu inconsciente (meu guardião-mor), que tinha o único e fantástico papel de me proteger. E ele fez isso com êxito e até certo ponto foi válido e funcionou.

Finalmente me aceito com todas aquelas verdades aprendidas criadas! Com todos aqueles rótulos, medos, comportamentos de autoproteção. Me vejo, me reconheço com todas aquelas crenças e crio até um certo apego com cada uma delas, que em determinadas situações tinham o papel fundamental de me livrar literalmente de experiências que já sabia não ser capaz de realizar. E as desculpas eram sempre as mesmas e reforçadas a cada nova situação.

Sou tímida, não gosto de me expor, sou introspectiva, sou reservada, não sou de falar, não sou boa o bastante para contribuir com algo útil, sou esforçada, mas não esperta, luto para ter o que quero porque nada vem facilmente, comigo nada dá certo, sou nervosa, ansiosa, insegura, estabanada e atrapalhada, não mereço, sou incapaz de conquistar meu espaço, minha liberdade. Vim ao mundo para aprender na dor.

Eu mesmo fui reforçando através do meu diálogo interno as minhas próprias amarras, ao mesmo tempo que construía o cárcere que me manteria presa por 20 anos no meu modelo construído e limitado de ser.

Todo comportamento tem uma intenção positiva (qual papel do inconsciente e das memórias na nossa vida?)

Isso era algo que me perguntava e por muito tempo não soube responder nem entender. *Por que o meu próprio cérebro me sabotou?* Por que eu mesma me sabotava diante das melhores oportunidades que tinha de mudar? Como posso desejar tanto uma mudança e ao mesmo tempo não conseguir dispender energia para promover a mudança de comportamento que me levaria para os novos resultados?

O primeiro fato que descobri com a programação neuroliguística, e as formações na área de desenvolvimento humano, foi que o meu cérebro era o meu maior aliado e protetor, nunca desejou o meu mal.

Nossa! Que grande alívio saber disso! Agora sei que não brigava internamente com um inimigo invisível. Pois tudo o que ele queria na verdade era me proteger. Aliás, tudo o que existe dentro de nós tem o objetivo primordial de nos proteger, zelar pela nossa sobrevivência e evitar que situações ruins que aconteceram no passado, se repitam. E nosso cérebro foi projetado para isso.

Esta é a principal função das nossas memórias que são guardadas a sete chaves no nosso inconsciente. Guardar informações importantes de estratégias escolhidas instintivamente por nós, em situações difíceis, para serem utilizadas futuramente em experiências parecidas.

Portanto não existe autossabotagem. O que existe, são escolhas em nível inconsciente, baseadas em aprendizados que foram criados e reforçados por situações parecidas ao longo da minha vida.

Finalmente uma luz acendeu no final do túnel ao descobrir isto! *"as pessoas fazem as melhores escolhas que podem no momento"*.

Ou seja, tomamos decisões a todo instante, com base no nosso modelo de mental, crenças e aprendizados do passado. E para aquele momento, talvez fosse o melhor que caminho que havia para seguir. No entanto, existe a possibilidade sim de seguir novos caminhos para chegar aos novos e tão desejados resultados.

A mudança de estado emocional ou dos comportamentos que passaram a limitar a minha vida, finalmente poderiam ser ressignificados e interpretados de uma nova forma, para que eu pudesse começar a experimentar novos estados emocionais e reaprender novos comportamentos diferentes do que estavam programados no meu modelo. Sou definitivamente um eterno tornar-se.

Descobri que ao estar alinhada com a minha identidade de adulta, com as habilidades, recursos e capacidades, como adulta, teria a acesso as riquezas internas disponíveis para promover a minha própria mudança.

Bem! Mas até chegar neste ponto da descoberta, foram longos dias assistindo o sol nascer e se pôr da janelinha estreita do meu cárcere. Dias difíceis intermináveis, que se tornavam cada vez mais longos e insuportáveis.

O SEQUESTRO SILENCIOSO E OS CÚMPLICES INGÊNUOS
(CONTRIBUIÇÕES DO MEIO PARA A CONSTRUÇÃO DE CRENÇAS)

Saber que *"todo comportamento tem uma intenção positiva"* e que *as pessoas fazem as melhores escolhas que podem no momento"*, foi confortante e me trouxe clareza, entendimento sobre algo que reverberava dentro de mim.

Como nossos modelos, nossas referências de autoridade podem nos ajudar a criar e reforçar crenças limitadoras que serão capazes de impactar nosso futuro e resultados em todas as áreas da nossa vida? E como eu mesma, durante anos pude validar, aceitar sem questionar e me reconhecer neste novo modelo cheio de limitações que se estabelecia naturalmente?

Somos todos vítimas. Lembra? *"as pessoas fazem as melhores escolhas que podem no momento"*, com base no que também receberam dos seus modelos passados. Portanto, não existem culpados. E sim vítimas de um mesmo modelo mental que foi se perpetuando ao longo de gerações. Aprendizados, assim como as crenças, passam de geração para geração, com o único objetivo de te proteger.

A lógica é: se foi importante para me proteger e me ajudar, as mesmas verdades e regras podem servir para você (filho) que está iniciando nesta vida! E assim vamos aprendendo a construir o nosso modelo de mundo e se não tomarmos consciência para este ciclo repetitivo, também passaremos adiante para as gerações futuras.

Portanto, culpar seus modelos não tem sentido algum. Percebe? Nada foi consciente. Tudo foi uma repetição das experiências que eles vivenciaram também quando crianças. Não adianta perder tempo remoendo o "por quê", ou "se tivesse sido diferente". Não foi e ponto! E isso você não pode mudar! Não temos controle sobre o que passou, mas temos controle, sobre o que decidir fazer com o que passou.

Aceite o fato de ter adotado inocentemente crenças e aprendizados limitantes, que talvez não te representem mais. Perdoe e agradeça a todos seus modelos importantes, por todas as crenças fortalecedoras e evolutivas que lhe passaram e entenda que todas as demais limitadoras, que por ventura também vieram, são meras heranças inconscientes e ingênuas, que tiveram o objetivo crucial de te proteger.

O que "você" pode fazer daqui pra frente, para reencontrar o teu potencial de adulto para reaprender uma nova forma de sentir, reagir e se viver?

Essa pergunta ecoava dia e noite naquele cárcere silencioso, escuro, cheio de correntes e portas. Sim! Porque eu tinha plena consciência de que a partir dali, eu seria a única responsável pela mudança que eu desejava.

Agora havia o desejo. Aliás um desejo ardente de mudar, havia a clareza sobre como cheguei até alí, mas ainda faltavam lacunas a serem preenchidas sobre o "como" sair em direção ao que eu queria viver.

[**PONTO DE VISTA DOS ESPECIALISTAS**]

UM NOVO UNIVERSO DE RIQUEZAS E RECURSOS

Ingressar neste universo do autoconhecimento foi o que me permitiu descobrir novas rotas e potencialidades para o resgate da minha autonomia, domínio e equilíbrio emocional. Não existe autonomia e autogestão, sem autoconhecimento. Não conseguimos entender o mundo, as pessoas sem conhecer a nós mesmos. Para lidar com os desafios da vida adulta, a vida nos exige antes, que a gente aprenda a lidar com nossos próprios desafios internos.

Através do entendimento do que me "levava a pensar, agir e manter o ciclo automático repetitivo" que me mantinha no medo, ansiedade, eu pude compreender que apesar de eu ter contribuído de alguma forma para manter esse comportamento, eu também seria capaz de fazer algo para sair de lá. E isso sim, dependia somente de mim.

Foi através do autoconhecimento que entendi que existia um padrão aprendido, " uma programação", um modelo de mundo limitante criado (inconscientemente) ao longo da minha vida, através de diversas experiências vivenciadas, e que essa programação (neurolinguística) iria pautar minhas escolhas, decisões, estados emocionais, comportamentos e resultados.

Segundo os criadores da Programação Neurolinguística, *Richard Bandler* e *John Grinder*, a partir da identificação desse padrão (de comportamento/programação) criado, pela interação entre o cérebro (neuro), a linguagem (linguística) e o corpo, era possível atualizar esses dados, a fim de obter melhores resultados em todas as área da vida. E através de técnicas de ressignificação e modelagem poderíamos criar então novos comportamentos e crenças evolutivas a fim de modelar nosso próprio sucesso, oferecendo e usufruindo o melhor de nós e extraindo desta forma também o melhor dos outros.

Ou seja, criamos grande parte da nossa experiência (comportamentos, estados emocionais, limitações e como reagimos em determinadas situações) a partir da maneira específica de como percebemos o mundo. E uma vez estabelecido um comportamento diante de uma situação carregada de emoção, esse comportamento poderá ficar gravado no nosso inconsciente como a reação mais acertada para ser utilizada em todas as outras situações futuras parecidas. Por isso não sabemos por que mesmo sendo adultos continuamos sentindo vergonha, medos infantis, de falar em público, de ficar sozinho, de ser abandonado. São comportamentos que foram aprendidos em algum momento do passado e que ainda estão gravados no inconsciente para ajudar você a reagir rapidamente diante das situações que ele encara como ameaça.

Através do entendimento de como isso ocorria dentro de mim, comecei a despertar para a possibilidade de fazer atualizações nessa programação antiga em busca das mudanças que desejava. E apenas me permiti vivenciar a jornada, assumindo a responsabilidade pela minha mudança e colocando em prática o que era preciso para que ela se concretizasse. Claro que isso não ocorreu do dia para a noite. Foram dias de prática, exercício interno, autoconsciência e autopermissão em mudar.

Hoje, continuo me autodesenvolvendo dia a dia, em comportamentos que ainda considero frágeis e que precisam de atualização. Afinal, somos um eterno tornar-se e estamos em constante processo de desenvolvimento. Mas, diante de tudo o que vivenciei nesses 47 anos de aprendizado, a Programação Neurolinguística foi a ponte que me aproximou mais rapidamente da minha mudança e da retomada da minha autonomia emocional.

Agradeço demais aos mestres **Marcos Brasil Moraes** (Master Trainer em Programação Neurolinguística pela NLP University e diretor do Instituto Marcos Brasil Moraes), *Débora Moraes* (Trainer em Programação Neurolinguística e Hipnóloga Ericksoniana do Instituto Marcos Brasil Moraes) e demais professores, por terem me apresentado e iniciado neste mundo de mudanças possíveis.

CAPÍTULO 2
O SEQUESTRO DO INCONSCIENTE

Quando perdi o comando e a minha identidade

Foram anos me repetindo sem perceber. Ingenuamente imaginamos que começar a buscar e ter resultados diferentes é preciso fazer algo diferente. Na verdade, o passo mais importante *é "se dar conta" de que existe um padrão limitante*. E para isso era preciso me enxergar. Voltar a atenção para mim! Essa é a nossa maior dificuldade, porque aprendemos que a solução sempre está fora de nós. Por isso nos distraímos e desperdiçamos a maior parte do tempo buscando culpados e respostas fora, quando tudo o que precisamos é voltar a atenção para dentro.

Após três décadas reforçando crenças e tropeçando nos mesmos desafios e dificuldades, começo finalmente a tomar consciência disso. Começo a perceber que o meu isolamento se tornava cada vez mais sufocante e limitado. Já não sabia o que me representava, do que gostava, o que me motivava. Na verdade, não tinha mais motivos.

Perdi de vista meu porto seguro. E estava totalmente à deriva, à mercê das minhas crenças, que eram diariamente validadas com novos e novos acontecimentos, alimentando o ciclo de pobreza emocional. Era levada pouco a pouco para longe. Até que o dia chegou!

Me olho e não me reconheço! Não consigo encontrar dentro de mim uma mísera recordação, memória, referência que pudesse me ajudar a trazer à tona os recursos de que precisava para sair daquele escasso estado interno. Quanto mais procurava, mais me perdia, mais amedrontada me sentia e menos me reconhecia.

Começo a questionar a linha tênue da sanidade e da loucura. O medo de nunca mais me encontrar me aterrorizava, e os dias tornaram-se insuportáveis. O problema não era apenas estar perdida naquela solidão, dependência e sofrimento, revivendo as minhas dificuldades e limitações emocionais. O problema era não saber como sair de lá e quanto tempo isso levaria.

Como fazer com que aquele sofrimento fosse embora o mais rápido possível? A busca desesperada por algo externo que trouxesse o alento e a solução era incessante. E quanto mais procurava, mais encontrava culpados e menos respostas eu obtinha. Afinal de contas, aprendemos que as soluções estão fora, não dentro.

Talvez uma mudança de emprego, mudança de cidade, de profissão, um novo curso, um carro novo. E assim vamos acumulando rasas tentativas externas que nos ajudam a passar alguns dias a mais naquele isolamento. E quanto mais buscamos externamente, mais nos afastamos internamente do que poderia nos ajudar a nos reencontrar. Isso porque nossa mente nos ajuda a criar e encontrar estratégias (conhecidas/aprendidas) para nos proteger e manter em segurança. Por isso nos repetimos tanto, sem nos dar conta deste ciclo vicioso de padrão comportamental e desse modo nos prendemos cada vez mais nas nossas próprias amarras mentais.

Sim! Temos um grande aliado que tem o único e primordial papel de nos proteger. Nosso *cérebro assume e cumpre da forma mais precisa esse papel*. Porém essa proteção nem sempre ocorre da forma como gostaríamos.

Ela pode nos gerar inseguranças, medos infantis, simplesmente para nos proteger de uma situação ou de um possível desconforto diante de uma falha, como também pode nos gerar apego e sentimento de ciúmes exagerado, para nos proteger do medo de sermos abandonados.

Uma coisa era certa! Era preciso reaprender uma nova forma de agir para me libertar daquela prisão emocional. Esse silêncio e vazio aumentava cada vez mais os meus medos, minhas inseguranças, trazendo à tona os piores sentimentos e danificando cada vez mais "aquele dispositivo" interno responsável por regular o meu equilíbrio emocional.

Amigos ou inimigos?
(Crenças, regras, aprendizados)

Amigo ou inimigo?! Em um dado momento começo a questionar de qual lado meu cérebro estava. Se estava ali para me proteger, como poderia estar me trazendo tantos prejuízos, me mantendo naquela prisão, paralisada por todas aquelas crenças e medos.

Sabia que 95% de nosso comportamento no dia a dia são comandados pelo inconsciente? Estão fora do seu acesso consciente. Quem você acredita ser, na verdade, representa apenas 5% de quem realmente é. Ou seja, você que lê, racionaliza, questiona, interpreta, julga, é apenas 5% da sua identidade. Os outros 95% estão sob comando do inconsciente. Isso quer dizer que não pensamos sobre o que fazemos diariamente. Apenas fazemos automaticamente, com base nas nossas experiências do passado. Estamos literalmente no modo "automático".

Quando estamos dirigindo, não racionalizamos o processo de dirigir. Quando escrevemos, ou lemos, ou andamos de bicicleta, apenas fazemos. Não ficamos pensando como fazemos para juntar as letras, frases ou colocar um pé no pedal, para depois colocar o outro.

Esses processos mentais automáticos, assim como a sua parte emocional, estão sob o sequestro e controle da sua "mente inconsciente". Ela grava comportamentos e estratégias que foram escolhidos por você instintivamente como a melhor estratégia, para serem reutilizados em momentos importantes. Leva para um banco de dados e automatiza essas escolhas de comportamentos para que você economize energia e decida rapidamente em situações futuras parecidas (*sempre para te proteger*). Ou seja, agimos 95% do nosso dia com base na nossa programação automática do que aprendemos no passado.

A pergunta é: **até que ponto essa programação está atualizada e condiz com o adulto cheio de recursos que você é hoje e o quanto está alinhada com os objetivos que você quer atingir na sua vida hoje?**

O quanto hoje esse "programa aprendido automático" está beneficiando ou prejudicando, impedindo você de evoluir, crescer? Por isso a sensação muitas vezes de não termos o controle de nossas próprias vidas. E, se pensarmos com base no que acabei de relatar, não temos mesmo quando estamos no automático.

Mas nem tudo é terra arrasada! Aceitar essa condição e entender como nossas crenças e hábitos regem nossa vida é o primeiro passo para conseguir descobrir como sair desse cárcere inconsciente. **O dar-se conta. Despertar para essa realidade é o primeiro passo mais importante.** Ao fazer isso, um cenário de novas possibilidades se abre.

A CONFORTÁVEL SALA DE ESTAR DA MINHA PRISÃO MENTAL (A ZONA DE CONFORTO E A MINHA SOBREVIVÊNCIA)

Por que este local em que hoje enxergo tantas limitações me parecia um ambiente tão confortável e seguro até certo ponto da minha vida?

Por que somente após 35 anos a minha sala confortável de estar *inconsciente*, que garantiu por tanto tempo a minha segurança, me ajudando a tomar decisões, se tornou aquele lugar irreconhecível, do qual eu queria agora me libertar?

Desde nosso nascimento até aproximadamente 25 anos formamos nosso modelo de mundo. Aprendemos e absorvemos desde muito cedo como ser, pensar, sentir e reagir diante das situações com base em todas essas referências de modelos de autoridade e ambiente em que estamos inseridos.

Isso explica por que nos apegamos tanto a este ambiente que mesmo sendo desconfortável é conhecido e, portanto, de alguma maneira seguro. A zona de conforto, que nos protege dos desafios que não queremos enfrentar, das situações que sabemos não ter capacidades para realizar. E assim vamos nos adaptando, encaixando no nosso novo modelo e aceitando nossas limitações, sem julgamentos.

Carreguei esse discurso por 35 anos de forma tranquila, e até com certo apego a esse modo de ser. No entanto, conforme a vida foi acontecendo, assistia às pessoas evoluindo, realizando sonhos, oportunidades chegando e indo embora, a vida passando e eu ali, como mera espectadora. Até que em um determinado dia o meu corpo ativou o "botão de emergência", me alertando para algo que estava ali por anos e que nesse momento precisava de atenção. Era a vida exigindo de mim o amadurecimento necessário para seguir em frente. Naquele instante senti um tremor incontrolável, como se fosse um terremoto dentro de mim. Mal conseguia conter os sintomas físicos daquele desconfortável despertar. O alarme gritava sem parar (vivia a minha primeira crise de pânico). Era o corpo "gritando" que não aguentava mais a forma como eu estava me tratando, aprisionando e limitando.

É como se depois de 35 anos aquela zona confortável onde eu vivi tanto tempo protegida se transformasse em um local totalmente desconhecido e ameaçador. Não me reconhecia e não reconhecia aquele lugar. Não tinha a menor ideia de como havia chegado lá. O socorro agora era o único pensamento que ecoava dentro de mim. Como sair o mais rápido possível deste lugar? Precisava de ajuda!

QUANDO O CÁRCERE DA PRISÃO MENTAL ME TIRA O AR E A FELICIDADE DE VIVER (INÍCIO DAS CRISES DE ANSIEDADE E PÂNICO)

O insuportável medo à "espera do medo". Experimentar o medo de sentir medo é a pior sensação de vulnerabilidade e impotência que já vivenciei. A impressão de que algo dentro havia "quebrado" e me mantinha em uma única frequência, o medo.

Em um segundo estava aparentemente tudo bem e no outro estava tomada pelo terror. E tudo o que mais desejava era entender o que havia exatamente danificado no meu sistema de autorregulação.

Na minha cabeça era preciso entender a lógica desse processo, de como isso aconteceu, para que eu pudesse fazer o caminho inverso. Desfazer o problema. Aqui inicia uma jornada de descobertas externas e internas que me levaram a mudanças reais e definitivas. Mas até chegar lá o caminho foi árduo, longo, mas necessário.

Entre idas e vindas às sessões de terapia e atendimento psiquiátrico, emergências cardiológicas, convivendo e enfrentando as crises diárias que revezavam entre ansiedade e pânico.

Um mundo novo, instável e aterrorizante, que me distanciava cada vez mais da capacidade de discernir o que era sanidade da loucura e que literalmente me deixava sem ar. O medo de atravessar essa linha tênue também estava presente diariamente. Foram meses de tratamento, meses de sofrimento, vergonha, isolamento, perdida dentro de mim à espera do inimigo invisível (medo), que não tinha hora para atacar nem tempo certo para ir embora.

Me sentia em um campo de batalha. Ficava ali preparada e em constante estado de alerta, com todos os canais sensoriais aguçados e superestimulados em busca de sinais, pistas de possíveis ameaças. Bastava um sutil sinal de ameaça (na maioria das vezes presente unicamente na minha tela mental), era como se já tivesse iniciado o ataque e eu estivesse no meio dele, exposta e sem armas. E assim foram dias, meses e um ano inteiro em busca de respostas, soluções e mudanças.

O sequestro estava consolidado e no controle total do meu estado interno de medo e paralisia. Não conseguia pensar racionalmente sobre o que disparava aqueles estados e comportamentos, apenas passava pela experiência dolorosa das crises, dia após dia, totalmente impotente e sem forças física e mental.

Entre noites acordadas, combinadas com coquetéis medicamentosos dos mais variados, que me ajudavam a manter o ritmo biológico e a suportar os sintomas físicos e emocionais daquele terror, algo me chama a atenção. Um artigo, escrito por um médico, psiquiatra e terapeuta, reconhecido e com vários títulos sobre o tema, *que falava sobre a capacidade que o nosso cérebro tem de se autocurar.* Esse mesmo artigo mencionava algo sobre janelas internas que guardam memórias, positivas e negativas, que influenciavam na forma como enxergávamos o mundo e como reagíamos a ele. Falava ainda sobre como as janelas que dão acesso às memórias negativas poderiam ter suas dobradiças enferrujadas com o tempo, pela interferência das experiências vividas, tornando-se emperradas. E o que isso poderia provocar fisiologicamente e emocionalmente.

BINGO! Vi ali uma luz acender no final daquele túnel. Se um médico com toda aquela experiência e anos de estudos e pesquisas dizia ser possível e provava com riqueza de detalhes exatamente o que eu experimentava naquele momento, alguma chance de sair daquele terror e reassumir a autonomia da minha saúde emocional existia ali.

Iniciei a minha busca. Livros, artigos, terapias combinadas, autoconhecimento, mas ainda sem ter um veredito que pudesse me ensinar pontualmente a como destravar o "meu botão de emergência interno de resposta ao medo", ou pelo menos como colocar um lubrificante nas dobradiças das janelas que continham memórias negativas e ajudavam a me manter naquele estado de reação luta e fuga constante.

A primeira lição era entender como esse órgão de comando incrível que se chama "cérebro" funcionava! Foram livros e livros, descrições de autores, médicos e depoimentos de pessoas que já haviam passado pelo tormento do temido *transtorno do pânico* e conseguiram se libertar. E acredite, em países industrializados, uma em cada 20 pessoas já teve ataque de ansiedade, representando entre 2% a 4% da população mundial. E hoje, em 2024, o Brasil é o país que lidera o *ranking* do mais ansioso do mundo.

Entre livros, autores, especialistas e artigos, me deparo com o que procurava tanto. O entendimento do porquê de estar presa no medo!

No centro do nosso cérebro existe o que especialistas se referem como o "cérebro emocional/sistema límbico", uma estrutura definida como "estrutura límbica" ou cérebro límbico. Essa estrutura é responsável pelo comando das emoções e controle instintivo do comportamento.

Bem no fundo dessa estrutura encontra-se uma outra pequena parte chamada "amígdala", que é formada por um grupo de neurônios, responsável pelas reações de medo, luta e fuga. Esse é o "tal sensor" de situações ameaçadoras, nosso centro de resposta ao medo (o tal botão de emergência, que eu tanto procurava).

Na hora pensei: é isso! Está lá o problema. A amígdala é o "botão de emergência", que, por algum motivo ainda desconhecido, emperrou e agora está gerando informação falsa e de forma ininterrupta de que há um grande perigo acontecendo a todo instante. De acordo com a literatura, a falha "nesse dispositivo" pode ser causada por uma associação de fatores, entre eles, o excesso de estímulos, as experiências e os aprendizados vivenciados na infância e também a genética.

O caminho utilizado para chegar àquele cárcere tomava forma e ficava mais claro para mim. Comecei a refletir sobre as limitações que me impediram de aproveitar tantas oportunidades que foram perdidas, os medos que me impediram de seguir minha intuição, a insegurança em assumir a minha identidade essencial e aprender a dizer "não" ao que definitivamente não me representava e os 35 anos em que vivi um modelo mental com mais crenças sobre os outros do que sobre eu mesma. Era como um filme passando todas as cenas, que aos poucos dava forma e nitidez ao caminho que me levou para aquele lugar.

O fato era que agora eu já estava lá! Não adiantava lamentar pelo que passou nem tentar adivinhar o que iria acontecer. O único momento que tinha era o "agora".

[PONTO DE VISTA DOS ESPECIALISTAS]

SEQUESTRADA PELO MEDO

Tomei consciência sobre a existência do "botão de pânico", que alertava sobre possíveis ameaças, com o psicólogo Daniel Goleman, considerado o pai da inteligência emocional.

Em sua obra *O cérebro e a inteligência emocional*, explica como a amígdala atua no processo interno de reação luta e fuga. É uma estrutura cerebral que faz parte do sistema límbico e que processa tudo o que está relacionado às nossas reações emocionais e está presente na aprendizagem de conteúdo emocionalmente relevante. É considerada pelos especialistas como o botão de disparo das reações emocionais, da angústia, raiva, impulso, medo, entre outras. Responsável pela percepção, geração e manutenção dos estados emocionais relacionados ao medo, bem como pela combinação e elaboração de estratégias rápidas mais apropriadas diante de ameaças e risco iminente.

A falta ou dano da amígdala na estrutura cerebral causa a redução da emotividade e da capacidade de perceber e reconhecer o medo. Já o contrário disso, a *estimulação da amígdala, pode gerar um estado de hipervigilância constante, atenção aumentada, ansiedade e medo exagerado.*

Apesar de ser considerada uma importante ferramenta de sobrevivência, já que tem a função principal de detectar ameaças no ambiente externo e no mesmo instante dominar o resto do cérebro, no sentido de capturar nossa atenção, alertar e nos preparar para enfrentar as ameaças que estão por vir, ela também pode atuar como um "mau patrão".

De acordo com Daniel Goleman, quando a "amígdala" assume o comando, *ela anula todas as operações e atividades do cérebro cognitivo*, concentrando todos os recursos ao que é de extrema importância naquele momento para a sobrevivência. Com isso, ocorre o que é chamado de "sequestro da amígdala". Desta forma, passamos a reagir ao ambiente de forma instintiva, utilizando informações já gravadas no passado como a melhor estratégia para lidar com o perigo imediato. Ou seja, quando o dispositivo é disparado, automaticamente somos tomados pela reação de lutar, correr ou fugir e pelo fluxo de hormônios de estresse, como cortisol e adrenalina, entre outros.

Nos casos de ansiedade e síndrome do pânico, segundo o Dr. David Servan-Schreiber – médico psiquiatra francês, doutor em Ciências Neurocognitivas –, o cérebro límbico sequestra todas as funções do corpo. O coração dispara, a respiração acelera, o corpo inteiro treme e começa a suar, o estômago se comprime e a função cognitiva é nocauteada pela inundação de adrenalina no nosso sistema. Muitas vezes o cérebro cognitivo até pode perceber que não *há motivo para tanto alarme; porém, enquanto a amígdala estiver no comando,* ele não poderá atuar em busca de respostas coerentes para a situação.

O grande problema com isso é que às vezes a amígdala pode cometer erros, percebendo perigos iminentes, quando o perigo na verdade é simbólico (está apenas na nossa mente), não representa ameaça física real, segundo Goleman. Isso nos faz reagir instintiva e exageradamente diante de situações das quais nos arrependemos mais tarde. Ele ainda usa como exemplo o frágil e instável ambiente econômico e de incerteza vivenciado por nós atualmente, em que as pessoas temem por seus empregos, segurança financeira, profissional, segurança de suas famílias e todos os problemas relacionados. Diante desse cenário, a ansiedade toma conta das pessoas, que acabam vivendo num clima de tensão, preocupação, dia após dia, constituindo um sequestro da amígdala crônico e de baixo nível, levando às crises de ansiedade e pânico.

CAPÍTULO 3
O RESGATE DO "EU"

O INCONFORMISMO DÁ ESPAÇO PARA NOVAS POSSIBILIDADES (CONHECIMENTO, DESCOBERTA DE NOVAS ALTERNATIVAS TERAPÊUTICAS INTEGRATIVAS E PLASTICIDADE CEREBRAL)

Iniciei uma longa e exaustiva caminhada em busca de soluções, explicações, teorias que pudessem validar a minha constatação do meu problema. E cada linha me aproximava mais do que poderia me libertar daquela prisão mental.

Enquanto isso, entre idas e vindas das consultas de rotina, recebo a "tal sentença" que me levaria a mudar radicalmente o rumo e a velocidade da minha mudança.

De acordo com histórico, exames clínicos e atendimentos dos últimos meses, o quadro levava a crer que eu deveria começar a aprender a lidar definitivamente com os sintomas, ajustando medicamentos, incluindo outros, já que o diagnóstico era de origem genética. Ou seja, sem muitas expectativas de alternativas paralelas, deveria reaprender a conviver com aquela nova rotina de medicamentos, atendimentos e sintomas.

Lembro como se fosse hoje, dentro daquele elevador descendo do 11º até o térreo, uma viagem que parecia não ter fim e os diversos pensamentos que transitavam de forma acelerada na minha cabeça, ao mesmo tempo em que não acreditava que aquilo estivesse acontecendo comigo.

Eu era tão saudável, nunca dependi de medicamento algum, médicos somente para rotina e agora estava ali, diante de um diagnóstico que me obrigaria a lidar com uma realidade a que jamais pensaria em ter de me ajustar. Sem falar no que este novo cenário me traria de perdas, limitações e adaptações. Em como isso impactaria a minha vida social, familiar, profissional. Como conviver para o resto da vida com os efeitos colaterais deste coquetel que me gerava tremores, entre tantos outros sintomas aparentes?

Aqueles 11 andares pareceram uma eternidade. Chegando ao térreo, desperto da minha viagem interior com o sinal sonoro de que havia chegado ao meu destino. Um novo destino cheio de limitações, privações, medos, sem alternativas viáveis.

Fui dormir com a sensação de derrota e medo. Mas ao acordar no dia seguinte me deparo com a entrevista de uma neurocientista e especialista em terapias comportamentais, abordando *o tema ansiedade e síndrome do pânico.* Uma faísca de esperança se acende novamente dentro de mim. Como era possível não existir saída, se tantos especialistas, neurocientistas, pesquisadores e médicos defendiam exatamente o oposto?

Decidi, naquele instante, que não era o fim da linha. Que havia mais uma corrida, sim, e que eu iria fazer o que estivesse ao meu alcance para contrariar as estatísticas impostas a mim naquele dia sobre o futuro da minha saúde emocional.

Após essa decisão, comecei a estabelecer um relacionamento diferente comigo mesma. Parei de brigar com o que "não queria" e comecei a dar foco e importância ao estado que desejava experimentar. Se havia levado 35 anos para criar um estado interno que me trouxe até aqui, estava na hora de dar meia-volta e buscar novos caminhos alternativos que me levassem para novos lugares, desconhecidos e ainda inexplorados. Grandes aprendizados e surpresas poderiam sair dali.

E a cada dia era surpreendida com novas constatações e descobertas. A primeira grande surpresa era a de que nosso cérebro poderia, sim, reaprender com novas experiências. Espetáculo! Por que ninguém havia me dito isso ainda?

Aprendi com David Eagleman, neurocientista e professor da Universidade Stanford, que o cérebro está em constante remodelagem e, "se comparado a um dispositivo capaz de configurar a si próprio, não importa o tipo de dados que recebe, o cérebro descobre o que fazer com eles". O cérebro é uma máquina de aprendizagem mediante novos estímulos, experiências e treinamento. Assim, salienta que podemos *"hackear nosso próprio sistema" para compreender melhor quem somos e assim também nos tornar pessoas melhores.*

Ou seja, se tive a capacidade de criar aquele estado em que vivia, com aquelas sensações, pensamentos repetitivos e comportamentos, de forma inconsciente, eu também seria capaz de reaprender a criar o contrário daquilo, só que agora totalmente consciente do meu domínio interno. A paz, tranquilidade, segurança, confiança, tudo dependia neste momento de autopercepção, tomada de consciência e exercício de um novo padrão de comportamento.

Aprendi com o Dr. David Servan-Schreiber que o cérebro tem o poder de se autocurar e se recuperar da depressão, ansiedade e *stress*. Ressalta na sua obra sete métodos que combinados levam à cura progressiva natural. Métodos que foram pesquisados, com estudos documentados e publicados em revistas científicas de grande prestígio. Em linhas gerais, a principal meta era a de **"*reprogramar o meu cérebro*"** em busca de novos aprendizados, experiências evolutivas, recursos e capacidades internas inexploradas, em vez de continuar reagindo a experiências e aprendizados passados de forma automática e instintiva.

Com Bruce H. Lipton, descubro que as crenças negativas são capazes de impactar não apenas nossa saúde, mas a nossa vida de modo geral. Ressalta na sua obra *A biologia da crença* que nossas crenças são como filtros de uma câmera e, a partir do que acreditamos sobre nós mesmos, a vida e o mundo, acabamos tendo nossa biologia adaptada a elas. Cita com ênfase que ao descobrirmos o poder das nossas "verdades absolutas/crenças" descobriremos a chave da liberdade. *Ou seja, é possível não conseguir mudar o nosso código genético, mas nossa mente, sim.* E, quando aprendemos a usar nossa mente para crescer e evoluir, descobrimos o segredo da vida, segundo ele.

Com os mestres e criadores da Programação Neurolinguística, Richard Bandler e Jonh Grinder, aprendi que somos completamente diferentes uns dos outros.

Que não enxergamos o mundo como ele é, mas sim como nós somos. Que nosso modelo mental se cria através do conjunto de nossas experiências, modelos de aprendizado e crenças que se formam principalmente entre 0 e 12 anos de idade. E que esse conjunto de crenças se torna regras rígidas e leis duras que irão guiar nossos comportamentos durante toda uma vida. Dependendo da qualidade dessas regras, podem limitar uma vida toda e reduzir imensamente nossas possibilidades de sucesso. Mas, assim como somos capazes de criar um modelo de mundo limitado, também somos capazes de reaprender, com nossos próprios recursos internos, novos estados emocionais e comportamentos em busca de novos resultados e uma nova vida.

Milton Erickson, psiquiatra especialista em hipnose médica e terapia familiar, considerado o pai da hipnose moderna, me ensina que todos temos, dentro do nosso próprio sistema, os recursos para gerar as mudanças desejadas e que o medo, real ou imaginário, é uma das principais limitações enfrentadas pelas pessoas, mas o amor e o humor são instrumentos poderosos para mudanças positivas.

E o *mais extraordinário de tudo, que nosso inconsciente é capaz de reaprender através de novas experiências subjetivas criadas, novas formas de comportamentos e estados emocionais, nos libertando de velhos e antigos padrões de comportamentos limitantes.* Que o nosso inconsciente é capaz de assimilar novos dados, para promover as curas que precisa para gerar mudanças e reprogramar nosso padrão de comportamento.

Bingo! Isso era tudo o que precisava saber para expandir a minha crença na direção da mudança que desejava. A partir dali, assumo a responsabilidade pela minha mudança. Era possível e totalmente atingível. E, de acordo com David Burns, professor clínico adjunto de Psiquiatria e Ciências do Comportamento, *"o fator mais importante para a mudança e cura é a vontade persistente de fazer algum esforço para ajudar a si mesmo"*. Todo adulto sabe que depende de si, e eu estava naquele momento com a ferramenta mais importante, a minha prontidão para fazer o que tivesse de ser feito.

[**PONTO DE VISTA DOS ESPECIALISTAS**]

Era possível reaprender novos estados. E a descoberta de como "destravar o botão do pânico", que, gerando ansiedade, medo e pânico constante, estava há alguns passos de me trazer mudanças significativas.

Mas como minimizar os sequestros da "amígdala"?

Novamente Daniel Goleman foi o responsável pelo princípio do meu progresso, inicialmente me dando clareza sobre de que forma poderia atuar ativamente para romper com aquele padrão automático de medo que se estabeleceu. O mais importante, segundo ele, era contestar racionalmente o "alerta de risco e ameaça" no momento certo. No sentido de tomar consciência sobre o início do processo e se autoquestionar sobre se o que realmente estava acontecendo era um risco real.

Enfatiza em sua obra que quanto mais cedo se promove a interrupção do processo de sequestro iminente, maiores as chances de sair dele.

A primeira atitude para sair de um "sequestro da amígdala", de acordo com Daniel Goleman, é dar-se conta de que estamos sendo levados para ele e neste instante perceber qual estado emocional nós desejamos experimentar no lugar daquilo que estamos sentindo.

Segunda atitude é adotar uma abordagem cognitiva (enfrentamento racional) que o convença a sair do sequestro, percebendo o que está acontecendo e identificando o que está dizendo para você mesmo durante o sequestro – *essa situação não vai me levar à morte. Consigo me lembrar de momentos que já passei pela mesma situação e que no fim das contas nada aconteceu e tudo acabou bem.*

Terceira atitude é procurar desafiar-se a avaliar a situação por diferentes pontos de vista, distintos daqueles que disparam o medo. Além dessas intervenções cognitivas, ele ressalta também a efetividade das *intervenções biológicas*, como técnicas de meditação e relaxamento, yoga, ferramentas comportamentais de autoaplicação (como a hipnose e as técnicas da Programação Neurolinguística, com que trabalho nos atendimentos individuais), que funcionam muito bem para se autorregular, principalmente quando já se tem a prática diária estabelecida.

Independente do método utilizado, escolher exercitar e adotar uma técnica de regulação emocional que seja capaz de acalmar o corpo nas situações de sequestro emocional pode ser de grande valia, fazendo uma diferença significativa quando se vê tomado pelo medo.

CAPÍTULO 4
NOVAS FRENTES ALIADAS

O PLANO DE FUGA.
O MEDO NÃO TINHA MAIS MORADA EM MIM

Finalmente chegou o dia de conhecer novos caminhos que me levariam à tão sonhada liberdade.

Estava ansiosa, mas com a esperança de encontrar naquele dia especial o início de um cenário completamente novo de possibilidades. E, enquanto aguardava na sala de espera, a mistura de sentimentos fazia festa dentro de mim. Medo, ansiedade, esperança e insegurança. Afinal de contas, era um caminho totalmente novo e desconhecido. Escolhi por conta própria dar essa última cartada, sem pedir validação ou companhia.

Era uma jornada pessoal e intransferível. Entendia que se eu mesma havia me colocado lá, o caminho de volta também era de minha responsabilidade. E, enquanto os minutos pareciam horas no ponteiro do meu relógio, conseguia ouvir e sentir o meu coração pulsando na sala de espera. Quando fui chamada para o atendimento (meu primeiro contato com a hipnose ericksoniana e as técnicas da Programação Neurolinguística), era como se estivesse me vendo entrar em uma sala de espelhos. As perguntas e reflexões me levaram a enxergar as diversas versões de mim, que ao longo de 35 anos contribuíram para eu estivesse ali naquele exato momento. Olhava para cada espelho e via uma forma, um modelo, várias crenças, imagens distorcidas de mim que nem lembrava mais, até que vi, distante, sozinha e perdida, aquela versão autêntica.

Naqueles 40 minutos eu pude apenas olhar para essa versão e ter a certeza de que ela ainda existia. E descobrir isso, sabendo agora que havia a possibilidade de tê-la de volta, foi uma das maiores alegrias nos últimos 12 meses de terror, angústia e solidão vividos naquele ano.

Ela estava lá! Parecia nem saber o que estava acontecendo. E eu daqui, sem poder mandar um sinal, agora recebia regras e pistas sobre o que deveria fazer para ajudar a trazê-la de volta. Saí daquela sala cheia de esperança, levando comigo a lembrança daquele momento mágico, com tantos significados, carregado de emoção e novas possibilidades.

A primeira regra era a de encontrar dentro de mim as pistas que ajudaram a estabelecer aquela "programação antiga e ultrapassada" e o modelo mental de crenças que me levou dia a dia sorrateiramente para aquele cárcere inconsciente (minha limitação emocional).

Comecei a me dar conta dos termos introjetados por décadas, das frases prontas e carregadas de significado e limitação que eu costumava utilizar repetidamente no meu dia. Generalizando situações, deletando informações e distorcendo a minha percepção da realidade.

A segunda regra era aprofundar esse mergulho e descobrir quais as crenças de capacidades, merecimento e possibilidades existiam, direcionavam e moldavam a minha forma de ser e viver. Cada fase cumprida me levava para novas pistas, que eram seguidas de novos passos.

A terceira e mais importante fase era me desprender de tudo o que não me fazia bem. Descobri que existia um lixo interno mental pesado e carregado de pensamentos, crenças, medos, raiva, vergonha, insegurança. Lixo acumulado de uma vida toda, que nunca foi descartado. Essa foi a parte mais divertida, me desapegar de tudo o que me pesava e não me acrescentava. Foram muitas e várias toneladas, dia após dia, descarregadas. Afinal de contas, não existe nada mais importante do que uma mente limpa e direcionada para a mudança que desejamos.

E assim os dias foram me trazendo clareza, entendimento e despertar. E a cada nova visita àquela sala, que trazia tantas versões minhas distorcidas, lembranças e memórias carregadas de emoção, mais clareza tinha sobre quem eu fui, quem eu era e quem desejava ser de fato. Me via próxima, mas me sentia ainda distante da minha autêntica versão.

Quanta saudade! Quantas histórias para contar, quantos aprendizados queria poder compartilhar com aquela menina insegura, acuada e vulnerável do passado, que ainda se via presa em tantas experiências negativas e limitantes, tantos medos, limitações e inseguranças. Não via a hora de poder tê-la comigo novamente e contar para ela o quanto ela foi capaz de superar, como ela venceu a tudo e a todos e de certa maneira estava a salvo e cheia de recursos e capacidades internas que ainda desconhecia, para fazer um futuro diferente.

Chegamos ao ponto do recomeço. Ali se desenhava o reencontro entre as duas versões. As duas partes de mim, que viviam um conflito interno por 35 anos. A menina presa em crenças limitantes, medos e inseguranças, e a mulher, que queria a liberdade de escolher viver melhor, livre, sendo apenas ela mesma.

Eu tinha a certeza absoluta de que juntas teríamos mais força, coragem e segurança. Eliminamos medos, desafiamos o pânico e vencemos uma primeira batalha, que deu início a muitas outras, criando novos caminhos saudáveis que ficariam gravados como novo trajeto para viagens futuras, muito mais seguras.

Desenvolvemos novas estratégias para driblar os diálogos internos limitantes que queriam nos desviar do novo caminho, fomos capazes inclusive de aprender com um modelo interno cheio de recursos e capacidades que nos ajudou a ganhar força, confiança e com certeza nos manteve firmes e seguras neste resgate.

Se estabelece uma nova rotina de ser, sentir e viver, seguida de recaídas, retomadas, mas havia algo maior que não nos deixava dar um passo para trás: o desejo incontrolável e incansável de ter acesso livre àquele novo porto seguro dentro de mim, onde me sentia totalmente à vontade comigo mesma e em paz. Quanto mais percorria aquele caminho cheio de surpresas e descobertas, mais próxima me encontrava da liberdade.

CAPÍTULO 5
A MUDANÇA E O REENCONTRO COMIGO MESMA

A MUDANÇA E O REENCONTRO COMIGO MESMA ATRAVÉS DO AUTOCONHECIMENTO E DO EXERCÍCIO DO DOMÍNIO INTERNO

Após 12 meses de sofrimento e isolamento, finalmente me afasto para longe daquele lugar que me manteve afastada e presa nas minhas limitações mentais e emocionais por 35 anos.

Agora aquele lugar já era passado e nada mais me faria lembrar ou olhar para o que ficou para trás. Tudo o que queria era continuar a buscar novos caminhos saudáveis, capazes de me proporcionar cada vez mais segurança, confiança, coragem e tranquilidade para seguir em frente.

E quanto mais me aventurava em novas trilhas internas, novas ferramentas terapêuticas e de autoconhecimento surgiam, novas pessoas, novas oportunidades de mudanças e construções ainda mais seguras. Assim fui descobrindo que aquela jornada tinha um início importante, mas obrigatoriamente não precisaria ter um fim definitivo. O segredo estava justamente em percorrer e desfrutar da beleza do caminho, da evolução, das pessoas, das experiências, do meu próprio crescimento e de todos os ganhos emocionais e resultado desse processo lindo de redescoberta e reencontro comigo mesma.

Cada experiência me presenteava com novas chaves para novas portas, que me levariam a novos caminhos ainda não percorridos e conhecimento ainda não explorado.

Me fortaleci e fui em busca daquela menina acuada do passado, que precisava da minha força essencial, da minha natureza, das capacidades e crenças evolutivas que ajudariam a libertar aquela versão infantil ainda presa no cárcere cheio de limitações e medos.

E assim me permiti. Mergulhei profundamente numa experiência inesquecível, vivenciando na prática diferentes técnicas comportamentais, como Programação Neurolinguística e hipnose ericksoniana, a Comunicação Generativa. Vivi uma jornada desafiadora de crescimento, resgate, evolução e autonomia. Uma experiência linda, cheia de detalhes sensoriais que me permitiram sentir na pele o que levou aquela menina a criar tantas estratégias limitantes de comportamentos de autoproteção. E quanto mais mergulhava para dentro, mais clareza eu tinha. E quanto mais clareza, mais despertava para as capacidades da minha melhor parte, a parte adulta que chegou até aqui, que de certa forma já havia vencido e superado diversos obstáculos até os dias de hoje e que estava disposta a fazer o que fosse preciso para aprender a viver melhor.

E nesta experiência de autoconhecimento tive a oportunidade de reconhecer esta parte cheia de capacidades, com sede de liberdade e em busca da sua expressão genuína e autêntica, para finalmente entregar todos os recursos de coragem, confiança, segurança e tranquilidade para aquela menina amedrontada e ainda alheia às suas reais capacidades.

E agora com esta parte mais fortalecida iniciávamos o caminho de volta, finalmente integradas, evoluídas, fortalecidas e prontas para seguir juntas em uma identidade única. Aos poucos vou retornando e despertando daquela experiência transformadora (através da hipnose e PNL), com a clareza de quem eu sou em essência. Quando abro os olhos, sei exatamente o que fazer, quem de fato sou e aonde quero chegar.

A CONQUISTA DA IDENTIDADE ESSENCIAL

Inicio uma nova jornada de autoconhecimento, autodesenvolvimento e resgate da minha autonomia emocional. As novas rotas de autodesenvolvimento me levam para dentro de um ambiente onde eu tenho a possibilidade de me refazer integralmente, de me desconstruir e me reconstruir novamente com tranquilidade e segurança. E tudo começa a fazer ainda mais sentido. As primeiras horas neste novo cenário de transformação, onde eu estava de frente com a minha vulnerabilidade, foram de expectativa misturada com ansiedade pelo que iria encontrar. Mas os dias foram passando e fui me encontrando cada vez mais e tendo clareza de todo o processo por que passei.

Foi um caminho de crescimento sem volta, que me levou a dar um novo olhar e sentido a tantas experiências. E, com esse novo olhar, pude exercitar muitos novos caminhos e estratégias para tantas outras limitações que me prendiam e impediam de crescer e ser quem eu desejava. Foi um renascimento progressivo e real. Pouco a pouco me reconhecia e me reconectava comigo mesma.

A partir dali ingresso em uma jornada pessoal e profissional sem fim, em busca da minha missão e propósito. Inicio uma caminhada de conhecimento, experiência e evolução que continua até os dias de hoje. Cada experiência única com as suas riquezas, aprendizados e particularidades que foram me devolvendo meu senso de identidade, fazendo emergir potencialidades naturais e todo o merecimento que estava esquecido em algum lugar dentro de mim.

Foram horas de imersão, práticas coletivas e individuais de desenvolvimento, desapegos, e um cenário completamente novo de oportunidades se abrindo a cada dia. Jornada que finalmente me presenteia com uma nova missão. A missão COGEN (com o Método da Comunicação Generativa). Missão esta que muda radicalmente o meu rumo profissional e meu propósito de vida, me colocando novamente frente a frente com a mudança e a evolução.

[PONTO DE VISTA DOS ESPECIALISTAS]

O método que me ajudou a resgatar o domínio interno se torna a minha missão profissional. **O Método da Comunicação Generativa entra na minha trajetória como ferramenta e meio de transformação pessoal, para levar a mudança conquistada por mim agora para outras pessoas.**

Com Richard Bandler, Jonh Grinder, Robert Dilts, Judith DeLozier, Marcos Brasil Moraes e Débora Moraes descobri as chaves certas para as portas que estavam fechadas por tantos anos.

A Programação Neurolinguística, o Método da Comunicação Generativa e a Hipnose Ericksoniana abriram um novo caminho na redescoberta do meu "eu" e da minha identidade essencial.

De acordo com Marcos Brasil Moraes (criador do Método da Comunicação Generativa), nascemos com nossa essência, e ela é forte e repleta de recursos. Mas aos poucos, por motivos diversos, vamos nos distanciando dela. Nos distraímos com o passado e o futuro, algo que não acontece quando somos crianças, e assim vamos adquirindo aprendizados, crenças e nos afastando da nossa identidade essencial e nos tornando o que os outros querem que sejamos. E é aqui que começam os problemas e os conflitos internos.

A Programação Neurolinguística me ensinou a compreender a construção dos meus próprios padrões de comportamentos. Como "eu fazia o que fazia"?

Estava pela primeira vez diante de um novo modelo de mudança, que me despertava para a premissa de que *"a semente de qualquer solução já estava no interior do problema e era possível aprender como criar um espaço interno para as soluções revelarem-se em um caminho natural"*.

Modelando os gênios da comunicação com o inconsciente, como Richard Bandler, Jonh Grinder, Robert Dilts, Judith DeLozier, que desenvolveram a Programação Neurolinguística desde a década de 70, sistematiza-se um novo modelo de intervenção pessoal, com base nesses resultados obtidos de forma rápida e efetiva que a PNL proporcionava.

Surge então a *Comunicação Generativa, um método estruturado, generativo (gerador de novas escolhas) de estados emocionais e comportamentos*, capaz de promover mudanças, com impacto, profundidade e velocidade.

Estava ali, diante de mim, um método capaz de me ajudar a identificar como meu inconsciente fazia para criar as limitações emocionais que me aprisionavam. Quais crenças e verdades absolutas passei a acreditar sobre mim mesma, a vida e o outro a partir daquele instante. E depois disso ainda me permitiria ressignificar, dando uma nova interpretação àquele aprendizado, exercitando novos estados e comportamentos que poderiam finalmente me libertar do padrão antigo e repetitivo.

Era possível agora reprogramar as minhas estratégias mentais e comportamentos de autoproteção adotados lá atrás. Programas que formavam o meu modelo mental e conjunto de crenças que pautaram minhas escolhas e minha vida. Sim! Era totalmente possível, de acordo com a neurociência, atualizar o "meu banco de dados" com base nos resultados e na mudança que queria.

A Comunicação Generativa (método que associa técnicas da Programação Neurolinguística e a linguagem da hipnose ericksoniana) me permitiu enxergar que eu tinha escolhas. Que tudo, na verdade, são escolhas. Quando eu faço ou deixo de fazer algo, não é porque meu "cérebro me sabotou"; é porque fiz uma escolha "inconsciente" no que era a melhor estratégia de comportamento para aquele momento, com base no meu modelo mental de crenças do que eu posso ou não fazer, ou do que sou capaz ou não de fazer.

E foi assim que consegui me libertar finalmente do meu modelo antigo de crenças, regras e leis duras e limitantes. Me libertei finalmente do cárcere com a ajuda **deste modelo de intervenção pessoal**, que, além de me colocar novamente frente a frente com a minha identidade essencial cheia de capacidades e recursos, me apresentou para a minha missão pessoal de multiplicar e tornar possível essa mudança para outras pessoas que ainda vivenciam o sequestro emocional.

CAPÍTULO 6
AS CHAVES DO MEU RESGATE

PNL, HIPNOSE, COMUNICAÇÃO GENERATIVA, HATHA YOGA, TÉCNICAS DE RESPIRAÇÃO CONSCIENTE, MEDITAÇÃO, ATIVIDADE FÍSICA

Quando me perguntam hoje: o que eu fiz para mudar? Como consegui sozinha, com a energia que tinha, chegar a este ponto de desenvolvimento?

Não foi uma situação, uma condição ou algo que me ajudou a mudar. Foi uma série de permissões no decorrer do processo. Foi a consciência de um desenvolvimento e prática de um novo modo de ser, em que deixei para trás tudo o que não contribuía com o exercício do meu poder pessoal e comecei a exercitar uma nova forma, adotando, de maneira consciente e autônoma, hábitos, práticas, atividades e ferramentas que me ajudaram progressivamente a me conectar com meu domínio interno e estado de paz.

Primeiro de tudo, foi assumir a responsabilidade pela mudança que eu queria e que eu sabia naquele momento que dependeria unicamente de mim. Me aceitar, buscar ajuda, recursos, soluções que me permitiriam exercitar uma nova forma de perceber, sentir e reagir diante da vida e dos medos.

Para mudança acontecer, era preciso ter o desejo real. O desejo ardente é o combustível, a energia que vai levar à ação. Mas é preciso que realmente exista desejo em mudar, associado a prontidão. Não bastava apenas eu estar incomodada com o sintoma ou situação. Era preciso que a mudança e os ganhos que eu teria fossem realmente relevantes para o meu inconsciente. Porque o cérebro trabalha com ganhos. E, estando no papel de meu protetor e guardião, precisava negociar o que realmente seria relevante e traria benefícios, a ponto de abrir mão do que já estava gravado por tantos anos como comportamento-padrão de proteção. Somente com a permissão do inconsciente seria possível realizar as mudanças emocionais e comportamentais desejadas.

Fui em busca dos métodos e das "chaves certas" que pudessem impactar de forma profunda e rápida o meu despertar, a tomada de consciência, autodesenvolvimento, autoconhecimento e flexibilidade de ter escolhas e poder escolher como eu desejava ser a partir dali.

Descobri que sou um eterno "tornar-se" e que estou em constante evolução. E isso é libertador! Porque realmente a partir dali meus filtros mudaram radicalmente. Me desfiz dos pesos da necessidade de estar pronta, perfeita, me desapeguei de crenças limitantes e aprendizados desatualizados e pude recriar novas crenças e modelos evolutivos com base no que eu queria e desejava ser. E não existe nada mais encorajador na vida do que uma identidade clara e autêntica. Agora, eu me reconhecia e sabia exatamente o que fazer e tinha a plena consciência de ter todos os recursos internos de que precisava para continuar a partir dali livre, fortalecida e segura.

A Programação Neurolinguística me apresentou um novo universo, o lado de dentro, que é infinitamente maior que o de fora. Lugar ainda inexplorado em muitas pessoas, que eu fui descobrir aos meus 37 anos.

Ah, se eu tivesse sido apresentada para esse mundo antes! Tudo seria tão diferente, tão mais fácil, leve. Nunca vou saber. A única certeza que tenho é que agora existe um universo de possibilidades e riquezas disponíveis e inesgotáveis, do qual só eu tenho as chaves. E agradeço a todas as "Michelles" que eu fui em cada fase da vida, que me ajudaram a passar por tudo que passei e chegar aonde cheguei, sendo quem eu sou hoje, justamente por nunca terem desistido. E a forma que tenho de honrar cada uma é viver hoje sabendo que é suficiente ser quem sou, e isso basta. Isso é viver a minha essência hoje, com o que tenho de melhor hoje, tendo certeza de quem sou e aonde quero chegar.

A hipnose é a chave principal da porta de entrada para esse universo interno. E através dela acessamos os níveis mais profundos da mente, por meio do inconsciente. Acessamos o porão, onde todas as memórias, vivências e aprendizados que de alguma maneira alimentaram muitas de nossas limitações estão guardados. A hipnose é um dos métodos mais sutis que conheci. Uma linguagem flexível, leve, natural, respeitosa, que acompanha a dança entre o profissional e cliente e cria um canal único de comunicação de inconsciente para inconsciente, promovendo processos de aprendizagem através de histórias, metáforas e símbolos que são capazes de produzir mudanças profundas pelo próprio cliente. A hipnose é o estado de atenção altamente focado para nós mesmos. É um estado natural, vivencial, suave, centrado e de total apoio. E esse estado nos conecta com a nossa mais rica sabedoria interior inexplorada, em que estão todos os recursos para as mudanças desejadas.

Como pude viver tantos anos sem explorar toda essa riqueza infinita? Como podemos desconhecer um lugar de tão especial importância que está tão próximo de nós?

Passamos uma vida buscando fora! Esperamos uma vida pelas melhores condições para ser ou ter o que tanto desejamos. Aprendemos a procurar fora o que precisamos para mudar dentro. Aprendemos que a felicidade, a realização pessoal ou profissional, sempre vem depois de mais um curso, conquista, aquisição, título. E quando descobrimos que o que passamos uma vida sem encontrar estava exatamente aqui dentro, nos damos conta do quanto somos dispersos e descuidados com nós mesmos.

E esse despertar só vem com a autorresponsabilidade sobre como de fato nós mesmos temos contribuído para a mudança que queremos. Quando buscamos fora ou culpamos terceiros pelo que não conseguimos ser ou ter, é porque ainda não estamos suficientemente maduros para assumir a mudança que podemos ter. Precisamos resgatar "alguma" versão nossa que ficou lá no passado pedindo ajuda, segurança, amor, atenção, para ajudar a evoluir e crescer. Somente a partir desse momento você também vai acordar para o seu universo interno e para a força natural que existe em você.

A Comunicação Generativa coroou o meu processo de resgate. Através do método fui contemplada com o encontro e retomada da minha identidade essencial, liberdade emocional e realização da minha missão pessoal. Missão que chegou como um presente nominal e intransferível de levar para a vida toda essa experiência de mudanças, descobertas e desapegos. Espalhando aos quatro cantos a possibilidade de ajuda ao maior número de pessoas em busca do resgate da sua versão criança, com limitações, que também está esperando para evoluir e encontrar a identidade essencial, para um novo recomeço cheio de autonomia e liberdade.

Como reassumir o controle?

Esta é uma das perguntas que mais recebo no primeiro atendimento. *Como faço para frear o que estou sentindo?* Parece que não mando mais no meu corpo, nos meus pensamentos e nas minhas próprias decisões.

É exatamente assim que nos sentimos! Quem já vivenciou as crises de pânico, ou está neste momento passando por isso, sente-se fora de si, fora do seu controle e totalmente perdido em si mesmo. O mais importante que tenho para dizer para você agora é que eu sei exatamente o que está passando. O pior que você pode fazer agora é brigar contra. E a maior certeza que pode ter é que _vai passar_ e tudo vai ficar bem! E isso depende de sua prontidão em se permitir assumir a responsabilidade por este processo de resgate em busca da sua autonomia e da sua versão original, que é cheia capacidades. E isso está disponível para todos nós.

Mas como não brigar contra algo que está me fazendo mal?

[PONTO DE VISTA DOS ESPECIALISTAS]

**BRIGAR CONTRA APENAS REFORÇA AINDA MAIS O QUE VOCÊ NÃO QUER.
O QUE APRENDI NA PRÁTICA COM OS ESPECIALISTAS QUE ME ACOMPANHARAM NESTA JORNADA DE BUSCA.**

Dr. David D. Burns explica em sua obra *Antidepressão* como funciona esse processo. Ao brigar contra, não aceitando o que está acontecendo, ficando cada vez mais inconformado com os sintomas e as crises que chegam, acabamos reforçando o padrão automático de pensamentos improdutivos, destrutivos, que alimentam o estado emocional congruente com esses pensamentos e comportamentos alinhados com todo esse processo.

Se, ao contrário disso, você contestar esse pensamento automático de forma consciente, ainda que com certo esforço neste momento, você conseguirá dar a chance para o seu cérebro de começar a estabelecer novas conexões neurais para criação de novos comportamentos diferentes daquele padrão automático de medo, pânico e ansiedade.

Entende por que brigar com o "sintoma" é a pior solução? Sem saber, você está reforçando ainda mais o que você "não quer". No final das contas consegue despertar para o fato de que o problema (o comportamento final e sintoma) nunca foi o problema real. O problema é o que está por trás disso, a verdadeira causa geradora do sintoma. O sintoma é apenas um sinal de alerta sobre algo que o corpo está sinalizando que precisa da sua atenção. E quando começamos a interpretar o sintoma como aliado no processo de cura, abrimos espaço para enxergar de fato o que está por trás deste pano de fundo.

É como se você estivesse pilotando um carro *sport* com a opção de piloto automático ou manual. Em determinado momento, o piloto automático assume o comando a 200km/h e, além disso, você larga a direção. Ou seja, a possibilidade de ficar ainda pior a situação é muito grande. O carro está em alta velocidade, no piloto automático e sem ninguém guiando. O carro está completamente descontrolado e sem direção alguma. Neste momento o mais inteligente a fazer é aceitar que você tenha perdido por algum tempo a capacidade de guiar, entender que isso não faz de você nem melhor, nem pior do que ninguém. Apenas aconteceu com você, como aconteceu comigo e como está acontecendo com muitas pessoas neste exato momento. E acredite: tudo vai ficar bem!

Apenas respire e lembre que, ao brigar contra, você reforça o padrão limitante que te leva para esse estado.

Então, em vez de fazer isso, neste exato momento tire o foco do que você não quer. Ao ficar pensando em formas de parar o que você "***não quer mais sentir***", você se colocará em prontidão para focar em "***como você quer se sentir***" e o seu cérebro, que é um órgão dirigido, irá buscar evidências em busca do que você quer. E o jogo irá virar nesse momento.

Ao fazer isso, você começa a retomar novamente a sua capacidade de autorregulação, domínio interno e autonomia sobre suas próprias escolhas. Quando você simplesmente tira a atenção do que não quer sentir e começa a investir energia no que gostaria de experimentar, você é capaz de criar mentalmente a cena do que gostaria de estar fazendo, e automaticamente o seu cérebro irá inundar o seu corpo com uma química gerada pelos seus pensamentos produtivos e por esta experiência interna, ensinando para corpo e mente que existe uma nova forma de pensar, sentir e agir, diferente da que você experimenta hoje, e que esta pode ser uma boa estratégia.

Cada vez que você repetir esse comportamento diante das crises ou momentos de ansiedade, mais as *novas* conexões neurais do *novo* comportamento irão fortalecendo e criando um *novo* padrão, enquanto o antigo padrão de comportamento vai perdendo força.

Portanto, o aprendizado aqui, segundo David D. Burns, é: conteste o pensamento automático (que gera em você todos os sintomas) com uma resposta racional de como você quer se sentir.

Vamos praticar agora!

Você tem escolhas! É preciso apenas assumir neste momento a responsabilidade pela mudança que você quer e permitir se colocar em prontidão para acessar e praticar este novo estado interno que progressivamente o levará para o resgate da sua autonomia do gerenciamento emocional.

Qual estado emocional você quer experimentar daqui para frente? Depende de quem exercitar e experimentar internamente esse estado e a química interna gerada por ele?

Comece já!

Feche os olhos. Se preferir, escolha uma música calma ou que você goste e que isole você das distrações externas, e apenas imagine como seria você no seu local seguro. Sem pressão, no seu tempo e da forma como você quiser. Apenas imagine como seria. Como se estivesse imaginando uma viagem, um passeio que você gostaria de fazer ou lugares a que você já foi e gostou muito.

O seu local seguro é onde está tudo bem com você e onde está tudo bem com o mundo. Então crie ou lembre-se do seu local seguro agora.

Repare se há alguma característica específica de iluminação, ou aroma, ou cores, ou talvez sons, ou texturas. E, sabendo que a criação é sua e de mais ninguém, você descobre que pode ser, realizar e criar o que quiser estando aí onde você está agora, relaxado e em paz com você mesmo.

Sabe o que é impressionante sobre o seu local seguro? Ninguém o conhece além de você. Ele existe profundamente na sua mente inconsciente. E, a cada vez que você o visitar, ele ficará mais e mais forte e lhe dará mais e mais suporte. O seu local seguro. Que ajuda você a despertar para a sua capacidade de fazer escolhas produtivas para você mesmo, assim como está fazendo agora, produzindo toda essa química de bem-estar, prazer e segurança dentro de você, pelo simples fato de se permitir fechar os olhos por um instante e imaginar o seu local seguro.

E se você é capaz de fechar os olhos e imaginar algo que te faça bem, você é capaz de gerar sentimentos alinhados com esses pensamentos e consequentemente, sem se dar conta, está criando novos caminhos para novos estados emocionais produtivos e comportamentos. E, a partir de agora, talvez você comece a descobrir outros lugares seguros e você pode escolher quantas vezes por dia vai querer visitar esses lugares (que são, na verdade, experiências internas criadas por você que te levarão ao seu melhor estado de paz interior), no seu tempo, do seu jeito, no instante em que você quiser.

Com o Dr. David Servan-Schreiber, que escreveu a obra *Curar*, aprendi a exercitar a técnica da "coerência cardíaca". Na época em que vivi o transtorno de pânico, considerava uma bobagem quando me diziam para "respirar". Afinal de contas, isso eu fazia o tempo todo sem precisar pensar, certo? Mas lendo e estudando a explicação e todos os argumentos científicos do Dr. David, entendi por que o exercitar a respiração consciente é tão importante, principalmente para os momentos de crises de pânico. Aliás, foi com o exercício da "coerência cardíaca" (diga-se de passagem que ainda hoje é adotado como medicamento diário na minha rotina) que controlei a minha primeira crise de pânico no trabalho. E foi sensacional me dar conta de que eu mesma havia conseguido sozinha controlar a minha primeira crise. A partir daquela primeira vez, tudo pareceu ficar mais fácil, porque agora já sabia o que deveria ser feito. Era só repetir. E assim eu fiz.

AFINAL, POR QUE O EXERCÍCIO DE RESPIRAÇÃO TEM EFEITO IMEDIATO NO CONTROLE DAS CRISES?

Dr. David Servan-Schreiber afirma que "experimentamos emoções em nosso corpo, não em nossa mente". Assim como ele em 1980, William James, professor de Harvard e pai da Psicologia norte-americana, escreve que "uma emoção, antes de tudo, é um estado físico, e só acessoriamente uma percepção no cérebro". Validou as suas conclusões com experiências simples do nosso dia a dia. Quando nos referimos ao medo, falamos que "ficamos com o coração na boca", ou, quando estamos tomados por alegria, costumamos dizer que estamos "com o coração leve". São reflexos do que experimentamos em nosso corpo e dos estados emocionais que vivenciamos.

Neste sentido, Dr. David Servan-Schreiber explica a importância de entender o papel fundamental da respiração para o controle da ansiedade e das crises de pânico. Explica que existe uma ligação entre o cérebro emocional e o "pequeno cérebro" no coração e que, ao entender essa relação e aprender a usufruir da melhor forma desse sistema, ganhamos mais uma chave para o domínio emocional. Ou seja, ao aprender a controlar o coração, aprendemos a dominar nosso cérebro emocional e isso nos coloca no domínio da nossa autorregulação.

Saber disso naquele momento, em que vivia as crises de duas a três vezes por dia, era fantástico!!! Mas como seria na prática?

Vamos lá!

Existe uma rede de comunicação entre nosso cérebro e o coração, de mão dupla, conhecida como "sistema nervoso periférico autônomo" (parte do sistema nervoso responsável por regular o funcionamento dos órgãos).

De acordo com o Dr. David, esse sistema é constituído por dois ramos. Um dos ramos tem como atividade acelerar o coração (ramo simpático, que libera adrenalina e noradrenalina) e o outro ramo, que tem como atividade brecar a aceleração, promovendo calma, relaxamento e tranquilidade (o ramo parassimpático), faz o coração bater mais devagar.

Quando os pensamentos improdutivos começam a gerar ansiedade e começo a experimentar medo, angústia, o sistema simpático pisa no acelerador, uma vez que o coração reage automaticamente de forma instintiva ao nosso estado emocional. Isso ajuda a nos deixar ainda mais tensos e acelerados. Quando realizamos o exercício da coerência cardíaca ensinado pelo Dr. David, automaticamente começamos a estimular o sistema parassimpático, que aos poucos vai aplicando de leve o "breque fisiológico", nos colocando em coerência cardíaca, como se nossa respiração fosse orientando e informando o coração sobre como desacelerar, ajudando a alinhar a frequência de um com o outro, levando através do nervo vago a informação para nosso cérebro de que tudo está bem, que estamos seguros e protegidos. Isso nos mantém no domínio da produção do nosso próprio bem-estar.

O MÉTODO CONSISTE NO SEGUINTE EXERCÍCIO

Descrito pela primeira vez em 1992 pelo médico Dan Winter e desenvolvido mais tarde pelo Instituto HeartMath na Califórnia, o exercício da coerência cardíaca segue muito a sabedoria milenar de atenção plena, meditação e relaxamento.

O exercício pode ser realizado sentado ou deitado, de preferência em um local tranquilo. Importante colocar a atenção ao estado emocional que você quer experimentar.

Pode começar inspirando naturalmente o mais lento que puder, sem esforço, naturalmente pelo nariz, contando até cinco, segurando o ar contando até quatro e expirando bem devagar, contando até sete. Experimente fazer isso por 15 vezes, inicialmente. Somente esse exercício diário já vai ajudar a estimular o seu "breque fisiológico". Para potencializar o efeito, escolha permanecer focado no que você está fazendo e contando as inspirações e expirações. Isso vai ajudar a manter você com a atenção total na sua respiração, na contagem mental, evitando distrações com outros pensamentos improdutivos.

Conforme vai inspirando e expirando, vai percebendo os sinais do seu corpo, enquanto aos poucos a sua respiração se torna leve e suave, e seu corpo vai dando os sinais do relaxamento. Vai tomando consciência da sensação de calor que se espalha por todo o seu corpo, enquanto você fortalece e encoraja esses sinais com pensamentos e a sua respiração. Uma maneira simples de encorajar é enaltecer em você os sentimentos de reconhecimento, gratidão, enquanto seu peito se enche dessa paz. Segundo o Dr. David, para muitos é suficiente pensar no rosto de uma pessoa amada, em um animal de estimação ou em uma ocasião especial de paz, alegria.

Em um estudo publicado pelo *American Journal Of Cardiology*, pesquisadores do Instituto HeartMath demostraram que o simples ato de pensar ou recordar situações positivas (como imaginar o rosto de uma criança ou uma cena agradável) automaticamente provoca uma mudança na variabilidade do batimento cardíaco para uma fase de coerência.

Como eu fazia para controlar as crises de pânico? Contava inicialmente 15 respirações para realizar o exercício em cinco tempos. Inspirava contando até cinco, segurava contando até cinco e expirava contando até cinco. Assim completava a minha primeira respiração e depois seguia em frente até completar as 15 respirações, para mudar o meu estado interno e conseguir controlar os sintomas disparados pela crise de pânico, que chegava sem avisar. Iniciei com 15 respirações e progressivamente fui aumentando. Onde eu estivesse. Hoje faço 30 respirações manhã e noite, como remédio natural para minha regulação emocional. Quanto mais praticava, mais tempo me sentia em equilíbrio, e progressivamente o tempo de calma ampliava mais e mais. Essa prática me tirou do estado de medo limitante e ameaça interna constante. Me levou para meu local seguro, neutro e de proteção interno, onde eu sei que está tudo bem e estou no domínio de como quero me sentir e reagir, mesmo diante das situações sobre as quais não tenho controle algum. E isso me traz paz e tranquilidade.

CAPÍTULO 7
APRENDENDO UMA NOVA FORMA DE VIVER

Hoje, após 47 anos, finalmente livre, tenho a oportunidade **de ajudar muitas pessoas com o Método da Comunicação Generativa**, com a minha trajetória percorrida, compartilhando a cada atendimento o conhecimento e a experiência inesquecível que a minha jornada de resgate me proporcionou.

Relembro caminhos, dificuldades e desperto em cada um o olhar para toda a riqueza que há lá dentro ainda intocada. E, quando são apresentados para seu universo desconhecido, voltam estarrecidos com tamanha grandeza e abismados com a fonte inesgotável de recursos. São surpreendidos, tocados, transformados e agora donos das suas próprias chaves, das suas portas internas de inesgotável riqueza.

É maravilhoso poder fazer parte dessas histórias de mudança, superação e recomeços. E a cada atendimento algo novo desperta dentro de mim e continuo sendo surpreendida por caminhos ainda desconhecidos, mas agora aberta para as novas descobertas, sem me preocupar com o que levo, mas com o que reconheço de novo no caminho.

Reconhecer quem eu sou em essência, respeitar e aceitar a minha imperfeição e vulnerabilidade humana, sabendo que "nada é, tudo está", me devolveu a leveza e a liberdade para viver aprendendo, errando, superando e evoluindo, sem a ansiedade limitante de querer ter o controle de tudo o que irá acontecer ou onde e quando irei chegar ao final, porque, depois de toda a trajetória vivida até aqui, o maior aprendizado que ficou foi que as melhores surpresas, as experiências mais incríveis, os encontros mais interessantes e o maior divertimento estão justamente no percorrer do trajeto.

Que você desfrute da sua linda trajetória de autoconhecimento, com a caminhada leve e curiosa. Com acesso livre a esta fonte inesgotável de riqueza interna pessoal, pode ter certeza que o caminho se tornará muito mais fácil e prazeroso de ser percorrido.

MENSAGEM FINAL

QUANDO ENTENDER QUE "NÃO TEM NADA A VER COM O OUTRO", e sim com você mesmo, nesse momento despertará para a sua maior força, o seu senso de identidade.

A forma como nos sentimos nos faz reagir de maneira instintiva diante das situações. Portanto, nosso estado interno é influenciado pela forma como falamos com nós mesmos. Uma simples mudança de perspectiva pode alterar todo o resto.

Ter ansiedade não é uma escolha; conviver com ela é! Inconsciente, mas ainda assim é uma escolha.

É preciso tomar consciência deste padrão limitante aprendido, para ter condições então, de uma maneira consciente, escolher exercitar o oposto, o que te faz bem. E esta capacidade de exercitar uma nova forma de ser está disponível para todos nós. Somos todos cooperadores na produção do nosso próprio bem-estar e estamos na ponta deste processo. Quando aprendemos a dirigir nosso cérebro para que ele nos ajude a criar padrões saudáveis e evolutivos de comportamento.

O QUE VOCÊ APRENDEU A ACREDITAR SOBRE A ANSIEDADE pode ser justamente o que tem mantido você preso nela até hoje. A ansiedade não é permanente e você tem domínio sobre ela, apenas não sabe disso ainda. A ansiedade é uma resposta fisiológica ao medo que você "aprendeu" a alimentar na sua vida. A ansiedade não é permanente e depende do "seu acordar" para o domínio que existe dentro de você.

É justamente o autoconhecimento que ativa a autoconsciência e devolve o seu autocontrole. Esse é o maior ganho na jornada de quem busca o autoconhecimento para viver melhor, para dominar a ansiedade e os comportamentos automáticos limitantes.

Agir no automático leva para uma vida de coadjuvante. Você não atua como protagonista, você encena a sua vida com base no que aprendeu e foi predestinado a viver. Quando assume a responsabilidade pela vida que "deseja e merece viver", você acorda para o fato de que precisa assumir o papel de protagonista para começar a fazer escolhas conscientes e com autonomia.

Sair do papel de vítima é tirar a roupa de coadjuvante e colocar a roupa de protagonista para começar a reescrever a sua história com base no que você é, não no que aprendeu a acreditar sobre você e suas capacidades.

ENTENDA! Ninguém vai fazer isso por você. A ansiedade, os medos, as inseguranças que você carrega hoje ainda estão aí porque você está permitindo isso. O autoconhecimento é a jornada mais importante que você pode empreender. É como desvendar um mapa do tesouro que te leva a uma vida mais plena, significativa e feliz. Ao conhecer a si mesmo, você compreende suas emoções, suas forças, seus medos, seus valores e seus sonhos. Essa jornada de autodescoberta lhe permite acessar a sua verdadeira versão original.

SAÚDE EMOCIONAL É UM EXERCÍCIO DIÁRIO. Não podemos escolher onde nascemos, com quem crescemos e as experiências que passaremos ao longo da nossa infância. No entanto, quando adultos, podemos olhar para tudo o que nos aconteceu e tomar a decisão de fazer algo com isso ou continuar a ser levados pela programação automática na qual fomos modelados para reagir.

O desenvolvimento do resgate da saúde emocional, portanto, é um caminho individual, particular e de responsabilidade de cada um. Nesse sentido, enquanto continuarmos a acreditar que somos vítimas do que nos aconteceu e que a mudança que desejamos está fora do nosso domínio e depende de fatores externos, não teremos poder algum de fato de fazer algo para sair de onde estamos.

Somente quando tomarmos consciência de que existe um domínio total interno para sair do estado de ansiedade, conseguiremos começar a experimentar na prática a sensação de liberdade de viver de acordo com o que escolhemos viver, não com o que nos foi imposto.

APENAS RESPIRE! E, a partir de agora, você sabe que, cada vez que inspira, pode inspirar tranquilidade e, toda vez que você solta o ar, saiba que pode soltar toda a tensão. Tudo o que você não quer mais para a sua vida. Porque deste momento em diante você sabe que tem o poder de dizer "não às condições que não lhe servem e de fazer novas e melhores escolhas com base no que considera significativo para a sua experiência de estar vivo agora". (Rosália Schwark). Apenas respire! E tudo vai ficar bem. Tudo já está bem.

REFERÊNCIAS

ADLER, Stephen Paul. *Hipnose Ericksoniana*. 1. ed. São Paulo: ACT Books e Reino Editorial, 2020.

BAUER, Sofia. *Síndrome do Pânico*. Um sinal que desperta. 1. ed. Belo Horizonte: Caminhos Editorial, 2001.

BURNS, David D.. *Antidepressão*. 1. ed. São Paulo: Cienbook, 2015.

DISPENZA, Dr. Joe. *Como se tornar sobrenatural*. 1. ed. Porto Alegre: CITADEL Grupo Editorial, 2022.

DISPENZA, Dr. Joe. *Quebrando o hábito de ser você mesmo*. 8. ed. Porto Alegre: CITADEL Grupo Editorial, 2022.

DISPENZA, Dr. Joe. *Você é o Placebo*. 4. ed. Porto Alegre: CITADEL Grupo Editorial, 2022.

DWECK, Carol S. *Mindset*. A nova psicologia do sucesso. 1. ed. Porto Alegre: CITADEL Objetiva, 2017.

EAGLEMAN, David. *Cérebro*. Uma biografia. 1 ed. Rio de Janeiro: Rocco, 2017.

GOLEMAN, Daniel. *O cérebro e a inteligência emocional*. Rio de Janeiro: Objetiva, 2012.

LIPTON, Bruce H. *A biologia da crença*. 1 ed. São Paulo: Butterfly, 2007.

MORAES, Marcos Brasil. *Comunicação Generativa*. Reprogramando o inconsciente. 13. ed. Porto Alegre: 2016. Polígrafo.

ROSS, Dr. Joe. *Do trauma à cura*. 1. ed. São Paulo: Summus, 2014.

SCHWARK, Rosalia. *Seja menos você*. O caminho para sua transformação pessoal. 1. ed. Porto Alegre: Movimento Perfeito, 2014.

SERVAN-SCHREIBER, Dr. David. *Curar*. 2. ed. São Paulo: Sá Editora, 2004.

STAHL, Stefanie. *Acolhendo sua criança interior*. 1. ed. Rio de Janeiro: Sextante, 2022.

Impressão e Acabamento | Gráfica Viena
Todo papel desta obra possui certificação FSC® do fabricante.
Produzido conforme melhores práticas de gestão ambiental (ISO 14001)
www.graficaviena.com.br